Mosaik bei
GOLDMANN

Buch

Jeder kennt sie, jeder hat sie, jeder klagt darüber: Stress und Ärger gehören zum Alltag – im Beruf, in Beziehungen, sogar in der Freizeit. Die Erforschung von Stress hat eine Fülle von theoretischen Konzepten hervorgebracht, dabei liegt die Lösung auf der Hand: Nur wer die Ursache des Übels identifizieren kann, wird ihm auch etwas entgegensetzen können.
Kurt Tepperwein und Felix Aeschbacher zeigen, wie Ärger entsteht, wie man – besonders in unangenehmen Situationen – die Energie, die Stress üblicherweise verzehrt, in eine produktive und konstruktive Energie verkehren kann, und wie man eine sportliche Einstellung zu Ärgernissen gewinnt, mit der man sich und seiner Umwelt den Alltag angenehmer gestaltet. Zahlreiche Tipps und Tricks, rhetorische Kniffe und Handlungsanweisungen helfen, jeder ärgerlichen Situation Herr zu werden – und so zu einem gelasseneren und bewussteren Leben zu finden.

Autoren

Kurt Tepperwein, geboren 1932, lehrte als Dozent an verschiedenen internationalen Institutionen. 1997 wurde er für sein Lebenswerk mit dem »Ersten deutschen Esoterikpreis« ausgezeichnet. Die von ihm entwickelte Technik des Mental- und Intuitionstrainings ist heute für viele Menschen unverzichtbarer Bestandteil ihres Lebens. Wenn er sich nicht auf Vortragsreise befindet, lebt der Autor auf Teneriffa.
Felix Aeschbacher, Jahrgang 1951, befasst sich seit Anfang der Siebzigerjahre mit den geistigen Wissenschaften mit Fokus auf die geistigen Lösungen von Lebensaufgaben.

Außerdem von Kurt Tepperwein bei Mosaik bei Goldmann

Erfinde dich neu (16582)
Das Geldgeheimnis (16380)
Die Kunst mühelosen Lernens (10459)
Ihr Leben als Meisterwerk (16934)

Kurt Tepperwein
Felix Aeschbacher

Nie mehr ärgern, bewusster leben

Mit einer positiven Einstellung zu mehr Kraft und Energie

Mosaik bei
GOLDMANN

Die Ratschläge in diesem Buch wurden von den Autoren und vom Verlag sorgfältig erwogen und geprüft, dennoch kann eine Garantie nicht übernommen werden. Eine Haftung der Autoren bzw. des Verlags und seiner Beauftragten für Personen-, Sach- und Vermögensschäden ist ausgeschlossen.

FSC
Mix
Produktgruppe aus vorbildlich
bewirtschafteten Wäldern und
anderen kontrollierten Herkünften

Zert.-Nr. SGS-COC-1940
www.fsc.org
© 1996 Forest Stewardship Council

Verlagsgruppe Random House FSC-DEU-0100
Das für dieses Buch verwendete FSC-zertifizierte Papier *Munken Print*
liefert Arctic Paper Munkedals AB, Schweden.

2. Auflage
Originalausgabe August 2008
© 2008 Wilhelm Goldmann Verlag, München,
in der Verlagsgruppe Random House GmbH
Umschlaggestaltung: Design Team, München
Redaktionelle Mitarbeit: Klaus-Jürgen Becker
Satz: Uhl + Massopust, Aalen
Druck und Bindung: GGP Media GmbH, Pößneck
Printed in Germany
WR · Herstellung: IH
ISBN 978-3-442-16970-2

www.mosaik-goldmann.de

INHALT

3. KAPITEL
Die Erwartungen loslassen

4. KAPITEL
Unabhängig sein von den Reaktionen anderer

5. KAPITEL
Das Leben lieben

6. KAPITEL
Ich bin bewusst im Hier und Jetzt

7. KAPITEL

Ich lebe im Einklang mit mir selbst

NACHWORT

ANHANG

EINLEITUNG

Gleichnis 1: Selbsterfahrung

Ein Hund und ein Affe treffen sich auf einem Schiff. Der Hund schlägt dem Affen ein neues Spiel vor: »Wir spielen Verstecken. Du stellst dich mit dem Gesicht zur Wand, zählst bis zehn und suchst mich dann.« Gesagt, getan. Bei neun gibt es einen großen Knall und das Schiff explodiert. Der Affe schwimmt im Meer und sieht auf einem im Wasser treibenden Balken den Hund sitzen. Er rettet sich zu ihm und sagt: »Blödes Spiel!«

Viele Menschen spielen Verstecken mit sich selbst. Wenn Sie finden, das Leben sei ein »blödes Spiel«, ist es höchste Zeit, dieses Buch zu lesen.

> *Der Mensch ist zum Leben geboren,*
> *nicht zur Vorbereitung auf das Leben.*

Darf ich mich vorstellen?

Ich bin Ihr Buch. Ich bin ein besonderes Buch. Ich wurde mit Liebe hergestellt. Eigentlich bin ich kein Buch »über« etwas,

sondern ein Energiebuch. Gehen Sie deshalb achtsam mit mir um. Schlingen Sie mich nicht wie einen Hot Dog herunter, sonst haben Sie am Ende wahrscheinlich vergessen, was am Anfang stand.

Ich möchte Sie einladen, sich Energie aus mir zu holen. Seien Sie ein Feinschmecker, lassen Sie jeden Satz wie einen köstlichen Leckerbissen auf der Zunge zergehen. Dann biete ich Ihnen wahre Lebenshilfe. Die beste Wirkung wird erreicht, wenn Sie das Erkannte Schritt für Schritt in der Praxis ausprobieren, Erfolgserlebnisse sammeln und diese in einem »Erfolgstagebuch« eintragen. So können Sie immer auf eine erfolgreiche

Vergangenheit zurückblicken – nach dem Motto: »Ab heute habe ich eine wunderbare Vergangenheit vor mir.« Erkenntnisse sind die fruchtbarste Sorte von Erfolgserlebnissen. Sammeln Sie Erkenntnisse, denn: Wissen, das nicht gelebt wird, ist toter Ballast. Gelebte Erkenntnis ist das wahre Brot des Lebens.

Erfreuen Sie sich an mir und empfehlen Sie mich weiter. Ich freue mich auf Sie.

Ihr Buch

Ein Leben ohne Ärger – ist das möglich?

Es gibt wohl kaum einen Menschen, der keinen Ärger kennt. Zum Ärger zählt nicht nur der stille Ärger über jeden und alles. Jede Form der Frustration, Depression, Resignation oder auch Aggression hat ihren Ursprung im falschen Umgang mit Ärgernissen. Wir kennen Ärger als ein unangenehmes Gefühl, das belastet, uns aus dem seelischen Gleichgewicht bringt und sogar körperliches Unwohlsein bereitet. Gefühle des Glücks und inneren Friedens hingegen schenken uns Harmonie und körperliches Wohlbehagen.

Wer würde sich nicht gerne von allen Ärgernissen befreien, die das Leben erschweren? Sich nie mehr ärgern bedeutet nicht, scheinheilig durch das Leben zu schweben, sondern zu lernen, sich durch Ärger nicht mehr vergiften zu lassen. Wir können den Moment des Ärgers zum Anlass nehmen, ihn durch Erkenntnis so umzuwandeln, dass er ein für alle Mal aus unserem Leben verbannt wird. Es liegt an uns, ob wir Sklave unseres Ärgers oder sein Meister sein wollen. Jeder von uns ist fähig, seine Hilflosigkeit und Ohnmacht, die er in ärgerlichen Situationen empfindet, in Kreativität und Lebenskraft umzuwandeln und auf diese Weise sein Leben positiv, glücklich und erfolgreich zu gestalten.

Jeder, der die sieben Lektionen dieses Buches konsequent anwendet, gewinnt eine positive Einstellung zu den kleinen und großen Ärgernissen des Lebens, beseitigt den Ärger mit all seinen unproduktiven Begleiterscheinungen und gewinnt daraus Kraft und Energie für ein Leben ohne Ärger, für ein glückliches Leben. Wenn Sie das möchten, beginnen Sie jetzt mit Lektion eins, denn:

> *Auch eine Reise von tausend Meilen*
> *beginnt mit dem ersten Schritt.*

1. KAPITEL

Sich ärgern bietet keinen Vorteil

Woher kommt Ärger?

Ärger ist eine moderne Variante des »Kampf-Flucht-Syndroms«. Als Sofortmaßnahme der Natur reagiert jedes Lebewesen auf unliebsame Energien, indem es seinen Körper durch einen Adrenalinstoß in Kampf- oder Fluchtbereitschaft versetzt. Dieses Verhalten wird als Kampf-und-Flucht-Syndrom bezeichnet.

In der heutigen Zeit ist dieser Reflex jedoch überholt. Wenn Sie zulassen, dass in unserer reizüberfluteten Umwelt Ihr Körper ständig mit Kampf- oder Fluchtsymptomen reagiert, obwohl Sie weder mit Urzeitmenschen kämpfen noch fliehen müssen, zahlen Sie einen hohen Preis. Werden Aggressionen im Körper festgehalten, wenden sie sich gegen Sie selbst. Sie führen zu psychosomatischen Beschwerden, die in Form von Magenschmerzen, Magengeschwüren, Migräne, Verdauungsstörungen, Verspannungen bis hin zu Organsymptomen auftreten können.

Der Ärger führt zu Krankheit. Ärgern Sie sich dann über die Krankheit, ist die »Ärger-Spirale« perfekt: Der Ärger führt zu neuem Ärger, dieser wieder zu neuem Ärger und so weiter. Die Zeit ist reif für einen neuen Weg – weder Flucht noch Kampf ist die Lösung, sondern Bewusstheit!

*Sich ärgern macht den Ärger
nur noch ärger.*

Sich ärgern ist reine Energieverschwendung

»Mensch, ärgere Dich nicht!« So heißt sogar eines unserer bekanntesten Gesellschaftsspiele. Unser Ärger-Verhalten ist so individuell verschieden, wie jeder Mensch einmalig ist. Aber eines wissen wir alle: Ärger bietet keinen Vorteil! Im Gegenteil: Ärger macht den Ärger nur noch ärger.

Ein Vergleich aus dem Wirtschaftsleben soll das verdeutlichen: Stellen Sie sich vor, Sie wären Leiter eines Unternehmens

und würden 30 Prozent der Arbeiter dafür bezahlen, dass sie den Unternehmensbetrieb stören, das Material verstecken, die Arbeiter von der Arbeit abhalten usw. Natürlich könnte dieses Unternehmen nicht wirtschaftlich arbeiten. Das Gleiche tun Sie Ihrem »Unternehmen« Körper an, wenn Sie sich ärgern: Ärger schadet der Gesundheit, stört den Schlaf, macht unbeliebt bei den Mitmenschen, verdirbt die Laune und kostet wertvolle Lebensenergie. Ärger macht den Ärger also nur noch ärger! Ist das nicht schon Grund genug, das Ärgern so schnell wie möglich zu »verlernen«?

> *»Wer sich ärgert,*
> *bestraft sich für die Sünden*
> *der Mitmenschen.«*
> Konrad Adenauer

Den Ärger zu meistern bedeutet,
mit Handlungsimpulsen souverän
und stimmig umzugehen.

Ich nutze Handlungsimpulse positiv

Manche Menschen sind der Meinung, dass Ärger gewisse Vorteile habe. Sie glauben, dass Ärger anstachelt, den Stein des Anstoßes aus dem Weg zu räumen. Um diese Fehlannahme aufzuklären, müssen wir lernen, zwischen einem *Handlungsimpuls* und einem Ärgernis zu unterscheiden. Handlungsimpulse sind vorübergehender Natur und dienen als Mittel zu der Erkenntnis, dass etwas zu tun ist. Handlungsimpulse sind die Energieschübe des Lebens. Erst wenn Sie mit Handlungsimpulsen falsch umgehen, entsteht Ärger. Sie ärgern sich, *statt* dem Handlungsimpuls zu folgen.

Erfolg haben bedeutet, mit Handlungsimpulsen richtig umzugehen. Das heißt, durch Handlungsimpulse zu erkennen, welche Schritte Sie unternehmen können, um zu Lebensfreude, Glück und Gesundheit zu gelangen. Es geht also nicht darum, Handlungsimpulse abzuschaffen, sondern als Katalysator für Ihre Persönlichkeitsentwicklung zu nutzen.

Das Ärgern verlernen bedeutet somit nicht, Ärgernisse nicht mehr sehen zu wollen und den Kopf in den Sand zu stecken, sondern sich mit der Situation zu konfrontieren und sie zu meistern, ohne sich dabei schwarz- oder gar krankzuärgern. Also: Mensch, ärgere Dich nicht! Und wenn Sie sich doch einmal ärgern, dann ziehen Sie die Notbremse: Ärgern Sie sich wenigstens nicht darüber, dass Sie sich ärgern.

Beispiel 1: Sie stecken mitten im Verkehrsstau und ärgern sich, dass Sie zu einem wichtigen Termin zu spät kommen werden. Dadurch, dass Sie sich ärgern, löst sich der Stau nicht auf. Ganz im Gegenteil: Sie werden nervös und sind hinterher bei Ihrem Geschäftstermin schlecht gelaunt. Richtiges Verhalten: Sie machen sich bewusst, dass sich ärgern keinen Vorteil bietet, und nutzen im Stau die Möglichkeit, einige Entspannungsübungen zu machen. Dadurch kommen Sie viel ausgeruhter als sonst zu Ihrem Geschäftstermin.

> *»Nicht die Dinge an sich sind schlecht,*
> *sondern nur, wie du darüber denkst.«*
> Epiktet

Ich schüttle ab, was mich beengt

Manche Menschen glauben, es wäre befreiend, sich einmal so richtig zu ärgern. Was diese Menschen wirklich meinen, ist Dampf ablassen, und Dampf ablassen kann in der Tat sehr befreiend sein. Aber vergessen Sie nie: Dampf ablassen hat nichts mit sich ärgern zu tun. Um Dampf ablassen zu können, müssen Sie sich *vorher* erst einmal geärgert haben.

In diesem Buch geht es darum, das Übel an der Wurzel zu packen, so dass der Ärger gar nicht erst entsteht. Natürlich

sollten Sie Ärger nicht verdrängen. Genauso wie Sie Reibungen nicht aus dem Weg gehen sollten, denn ohne Reibung kein Wachstum. Es gibt zwei Ebenen: den Ärger und den Grund des Ärgers. Letzteren können wir mit einem klaren Kopf erkennen und beseitigen. Für den Umgang mit dem Ärger selbst gibt es allerdings noch keine Schule.

Was können Sie tun, wenn sich der Ärger bereits in Ihr Bewusstsein hineingefressen hat? Ein Tipp: Wenn sich Spannungen oder Ärger-Energien in Ihnen aufgestaut haben, wird es höchste Zeit, diese in Dynamik umzuwandeln, zum Beispiel in körperliche Bewegung. Ob Sie die Ärger-Energie zum Holzhacken verwenden oder für »Powerwalking«, ist egal. Stellen Sie dabei aber sicher, dass Sie eventuell angestaute Aggressionen nie gegen sich selbst oder andere richten.

Manchmal benötigen Sie allerdings einen Katalysator, damit sich der Energiestau in Bewegung setzt. Das kann beispielsweise die Egmond-Overtüre von Beethoven sein, die Sie am besten mit Kopfhörer auf voller Lautstärke während eines Spaziergangs hören. Oder Sie trinken ein Glas frisch gepressten Rettichsaft (mit Möhrensaft verdünnt) oder verzehren frische Radieschen. Rettich und Radieschen haben die Eigenschaft, die Gallenflüssigkeit in Gang zu setzen und damit auch die Ärger-Energien wieder ins Fließen zu bringen.

Sie können die Dynamik des Ärgers auch nutzen, um sich frei zu tanzen. Eine optimale Anti-Ärger-Methode bietet die Kundalini-Meditation[1] bzw. das Abschütteln von Spannungen zu afrikanischer Trommelmusik. Bewegen Sie sich dabei so frei wie möglich. Sie dürfen dabei auch stampfen und Urlaute von sich geben.

Natürlich können Sie zum Dampfablassen auch in den Keller gehen und einmal so richtig schreien, mit einem Handtuch auf ein Kissen schlagen, einen Punchingball mit Ihren Fäusten bearbeiten oder einen Teller gegen die Wand werfen. Wichtig ist, dass Sie Ihren Ärger nicht gegen einen anderen Menschen richten, denn es ist *Ihr* Ärger, der mit einem anderen Menschen erst einmal nichts zu tun hat.

Wenn Sie spontan schreien müssen, schreien Sie, aber wenden Sie sich dabei von dem anderen ab, und projizieren Sie nicht. Böse Worte, die Sie in Ihrer Wut von sich geben, Sticheleien, die den anderen verletzen, lassen sich nicht mehr zurücknehmen und hinterlassen Narben und Wunden. Drehen Sie sich stattdessen zur Zimmerecke, brüllen Sie dreimal laut »Sch...« statt Projektionen von sich zu geben. Ihr Partner wird dafür Verständnis haben und sich ebenfalls immer mehr trauen, seinen Dampf abzulassen, statt ihn herunterzuschlucken.

Wenn Sie unter heftiger unterdrückter Wut leiden, probieren Sie vielleicht die AUM-Meditation von Veeresh aus [2].

Allen Methoden gemein ist: Sie verdrängen den Ärger nicht, sondern wandeln ihn um wie eine Dampfmaschine. Der Dampfmaschine ist es egal, ob sie von schwarzem oder weißem Holz gespeist wird, sie verbrennt einfach die Energie und nutzt sie auf eine zweckdienliche Weise konstruktiv.

Probieren Sie ruhig alle Methoden aus, aber benutzen Sie sie mit Freude – Freude daran, Ihre eigene Energie zu spüren. Energie ist erst einmal wertneutral, solange Ihre Einstellung dazu positiv ist. Also: Warum nicht im geschlossenen Kämmerchen eine halbe Stunde lang zu afrikanischer Urwaldmusik den Körper ausschütteln... Steigern Sie sich dabei nicht in irgendwelche Gedanken hinein, sondern beobachten Sie einfach, was mit Ihnen passiert, während Sie mit Ihrer Energie spielen. Alles ist gut, so wie es ist.

Je bewusster Sie im Umgang mit Ärger werden, umso weniger werden Sie herumschreien oder den Ärger verdrängen müssen. Sie »surfen« immer souveräner mit den Energien Ihrer Umwelt und entwickeln eine immer liebevollere und bewusstere Einstellung zu sich und Ihrer Umgebung. Diese Bewusstheit ist ein Prozess, der dadurch entsteht, dass Sie sich erlauben, in jedem Augenblick so bewusst wie möglich Sie selbst zu sein.

Auch wenn Sie sich immer mehr von Ärger befreien, steht Ihre dynamische Energie natürlich weiterhin zu Ihrer Verfügung. Ihre Aufmerksamkeit aber wird sich mehr und mehr daran orientieren, diese kreativ zu nutzen – die Notwendigkeit zum »Dampfablassen« wird sich eines Tages vielleicht sogar ganz erübrigen. Dazu soll dieses Buch beitragen.

> *Schüttle ab deinen Ärger,*
> *schüttle ab deine Sorgen,*
> *lass alles los,*
> *freu dich auf morgen.*

Gleichnis 2: Alles ist gut, so wie es ist

Ein Kalif schickte jährlich seinen Großwesir zu einem Meister, damit er dort Weisheiten für das Staatsgeschäft lerne. Als der Großwesir wieder einmal von einem Meister zurückgekommen war, fragte ihn der Kalif: »Nun, sage mir, was hast du dies-

mal gelernt?« Der Großwesir antwortete: *»Alles ist gut, so wie es ist.«* »Nun gut«, entgegnete der Kalif, *»und was hast du noch gelernt?«* »Alles ist gut, so wie es ist!« Der Kalif war verärgert, für eine solche Sache so viel Geld ausgegeben zu haben, und rief den Barbier, um sich rasieren zu lassen. Der Barbier rasierte den Kalifen, und weil der Kalif noch so verärgert war, schnitt er ihn in die rechte Wange. »Nun«, rief der Kalif zum Großwesir, »ist das etwa auch gut, was da passiert ist?« »Alles ist gut, so wie es ist«, sagte der Großwesir.

Voller Zorn ließ der Kalif den Großwesir ins Gefängnis werfen und machte sich auf zu einem Jagdausflug. Er ritt immer weiter ins Land, bis er sich verirrte und in das Land der Menschenfresser kam. Diese ergriffen ihn und setzten ihn in einen Topf mit Wasser. Während sie das Feuer unter dem Topf schürten, sahen sie seine Schnittwunde, holten ihn heraus und jagten ihn mit Schimpf und Schande davon, denn Menschenfresser essen bekanntlich nur makelloses Fleisch. Zu Hause angekommen, ließ der Kalif seinen Großwesir sofort aus dem Gefängnis holen und bat ihn um Verzeihung.

»Du hattest recht«, sagte er, »es war gut, dass der Barbier mich geschnitten hat, sonst wäre ich jetzt nicht mehr am Leben. Aber dass ich dich ins Gefängnis geworfen habe, das war nicht gut, oder?« »Alles ist gut, so wie es ist«, sagte der Großwesir. »Mach mich nicht wahnsinnig«, antwortete der Kalif, »warum sagst du das schon wieder?« »Nun«, schmunzelte der Großwesir, »wenn du mich nicht ins Gefängnis geworfen hättest, wäre ich mit dir geritten, und mich hätten die Menschenfresser gefressen, denn ich bin makellos.«

> *»Gott erschuf die Welt und fand sie gut.*
> *Nur der Mensch maßt sich an, sie nicht so zu finden.«*
> Erni Sandhaas

Werturteile und psychologisches Hinterfragen bieten keinen Vorteil

Solange Sie Dinge in »gut« und »schlecht« unterteilen, werden Sie damit konfrontiert, dass die Dinge nicht so sind, wie Sie sie gerne hätten. Urteilen Sie nie, denn: Urteilen (Ur-teilen = das Ursprüngliche teilen) ist reine Energieverschwendung. Urteilen bietet keinen Vorteil.

Das Urteilen hat inzwischen eine pervertierte Form angenommen: das *psychologische Hinterfragen*. Wer hat wann wie und warum an etwas schuld. Manche glauben, durch psychologisches Hinterfragen würde man Probleme besser verstehen. Die Wahrheit ist: Durch psychologisches Hinterfragen stoßen Sie an Probleme, die Sie sonst nie gehabt hätten. Psychologisches Hinterfragen führt Sie in den Dschungel der Vergangenheit, die Sie wie ein Moloch verschlingt.

Suchen Sie nicht nach irgendwelchen fadenscheinigen Begründungen, warum Sie sich ärgern, sondern: Akzeptieren Sie alles, was ist – jetzt!

Mal laufen die Dinge schneller als erwartet, mal langsamer. Mal geschieht eine unvorhergesehene Panne, mal bekommen Sie unerwarteten Rückenwind. Nehmen Sie die Dinge, wie sie kommen, aber tun Sie alles dafür, dass die Dinge so kommen, wie Sie sie nehmen möchten. Schauen Sie nach vorne (wenn

Sie nach vorne wollen). Lassen Sie los, was gewesen ist, und tun Sie *jetzt* das Richtige. Statt psychologisch zu hinterfragen, fragen Sie sich lieber: *Was erwartet das Leben von mir jetzt?*

Beispiel 2: Das Essen brennt an, weil Ihre Kinder ständig beim Kochen stören. Wenn Sie jammern, wie schlimm das ist, und

Ihren Ärger möglicherweise an den Kindern auslassen, sind Sie am Ende des Tages frustriert. Lassen Sie stattdessen das angebrannte Essen einfach stehen und gönnen sich einen kleinen Spaziergang, um sich zu entspannen. Erhitzen Sie danach ein Fertiggericht aus der Tiefkühltruhe und trinken etwas Entspannendes auf den Vorfall.

Beispiel 3: Sie wollen morgens zur Arbeit fahren und sehen, dass Diebe die Reifen von Ihrem Auto abmontiert haben. Nun können Sie natürlich toben und sich den Tag vermiesen. Oder Sie rufen einen guten Freund (zur Not ein Taxi) an und lassen sich neue Reifen bringen.

Beispiel 4: Sie frieren im Novemberregen. Auch in dem Fall bringt Ihnen die psychologische Bewertung keinen Vorteil. So-

bald Sie statt der psychologischen Bewertung eine Erkenntnis erlangen, zum Beispiel »Ich muss mich warm anziehen«,
führt das unliebsame Gefühl zu etwas Positivem, einem positiven Tun, Dulden oder Unterlassen – in dem Fall zu einem positiven Tun.

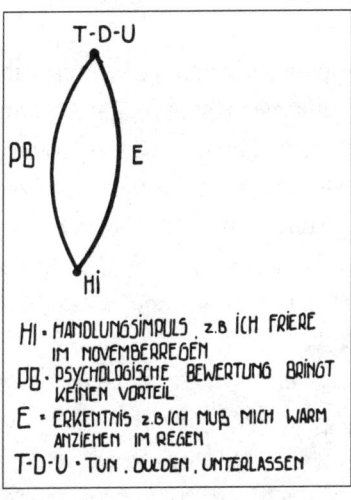

HI · HANDLUNGSIMPULS , z.B ICH FRIERE
IM NOVEMBERREGEN
PB · PSYCHOLOGISCHE BEWERTUNG BRINGT
KEINEN VORTEIL
E · ERKENTNIS z.B ICH MUß MICH WARM
ANZIEHEN IM REGEN
T-D-U · TUN . DULDEN . UNTERLASSEN

In anderen scheinbar ärgerlichen Situationen ist es hilfreich,
etwas zu dulden (z. B. wenn auf dem Marktplatz ein Schreihals
laute Monologe hält) oder zu unterlassen (z. B. wenn Sie auf
dem Parkplatz des Nachbarn geparkt haben und sich dadurch
Ärger eingehandelt haben).

Gleichnis 3: Urteile nie!

Ein weiser Mann lebte in ärmlichen Verhältnissen auf dem Land. Aber er besaß ein wunderschönes weißes Pferd. Sogar Könige beneideten ihn um dieses Pferd und boten ihm viel Geld dafür. Doch der Mann verkaufte es nie. Eines Morgens fand er sein Pferd nicht im Stall.

Die Nachbarn versammelten sich und sagten: »Du dummer Mann. Wir haben immer gewusst, dass das Pferd eines Tages gestohlen wird. Es wäre besser gewesen, es zu verkaufen. Welch ein Unglück!« Der weise Mann sagte: »Geht nicht so weit, das zu sagen. Woher wollt ihr wissen, dass es ein Unglück ist? Alles, was ist, ist: Das Pferd ist nicht im Stall. So viel ist Tatsache. Alles andere ist Urteil. Ob es ein Unglück oder ein Segen ist, kann ich nicht sagen.«

Die Leute lachten den Mann aus. Sie hatten ihn schon immer für verrückt gehalten. Aber nach drei Wochen kehrte das Pferd zurück. Es war nicht gestohlen worden, sondern in die Wildnis ausgebrochen. Und nicht nur das, es brachte sogar weitere wilde Pferde mit.

Wieder versammelten sich die Leute und sagten: »Weiser Mann, du hattest recht, es hat sich tatsächlich als ein Segen erwiesen.« Der weise Mann entgegnete: »Wieder geht ihr zu weit. Alles, was ist, ist: Das Pferd ist zurück.«

Der weise Mann hatte einen einzigen Sohn. Dieser begann die Wildpferde zuzureiten. Nach einer Woche fiel er vom Pferd und zog sich eine Verletzung zu. Wieder versammelten sich die Leute, und wieder urteilten sie: »Du hattest recht, es war ein Un-

glück. Du musst jetzt deine Arbeit alleine machen.« Der weise Mann antwortete: »Ihr seid besessen vom Urteilen. Alles, was ist, ist: Mein Sohn hat sich eine Verletzung zugezogen. Niemand weiß, ob dies ein Unglück ist oder ein Segen.«

Bald darauf begann das Land einen großen Krieg. Alle jungen Männer des Ortes wurden zwangsweise zum Frontdienst eingezogen. Nur der Sohn des weisen Mannes blieb zurück, weil er an seiner Verletzung litt. Der ganze Ort war von Wehgeschrei erfüllt, weil dieser Krieg nicht zu gewinnen war und man wusste, dass die meisten jungen Männer nicht nach Hause zurückkehren würden.

Wieder kamen die Leute zum weisen Mann und sagten: »Du hattest recht. Es war ein Segen.« Der weise Mann antwortete: »Ihr lest nur ein einziges Wort in einem ganzen Satz – wie könnt ihr das ganze Buch beurteilen? Das Leben kommt in Augenblicken, und mehr bekommt ihr nie zu sehen. Nur Gott, nur das Ganze weiß, ob es ein Unglück ist oder ein Segen.«

Urteile nie! [3]

Ich lasse das Resonanzgesetz für mich arbeiten

Im Gegensatz zum physikalischen Gesetz der magnetischen Anziehung (positiv geladene Gegenstände-Metallplatten, Magnete usw. – ziehen negativ geladene Gegenstände an und umgekehrt) kann man das sogenannte Resonanzgesetz (Resonanz, lat. re-sonare = zurückklingen) auf die geistige Ebene übertragen.

Wer eine positive Lebenseinstellung hat, begegnet positiven Leuten und Ereignissen, wer eine negative Lebenseinstellung hat, begegnet negativen Leuten und Ereignissen. Das bedeutet: Positives zieht Positives an, Negatives zieht Negatives an. Glück ist nicht Glückssache, sondern eine Frage der richtigen Geisteshaltung.

Der Verhaltensforscher Wolfgang Mewes hat diese Erkenntnis fortgeführt und daraus die kybernetischen Gesetze (von griech. kybernos = der Steuermann) entwickelt. Sie besagen, dass jede vorhandene Energie die Tendenz hat, sich zu verstärken. Im Klartext: Wer reich ist, hat gute Chancen, noch reicher zu werden. Wer arm ist, wird arm bleiben, wenn er nichts ändert. In der Bibel, Matthäus Kap.13, Vers 12, heißt es: »Wer da hat, dem wird gegeben, wer da aber nicht hat, dem wird das wenige auch noch genommen.«

Um vom Negativen zum Positiven zu kommen, müssen Sie in sich die Kraft finden, die Energien umzudrehen. Dazu brauchen Sie den Bezug zu einer Quelle, die größer ist als Sie selbst. Sie können diese Kraft Gott nennen, die Eine Kraft, das Höhere Selbst – wie auch immer. Zusammen mit dieser Einen Kraft, die Ihnen den Rücken stärkt, erlangen Sie die Verantwortung (= die »Antwort«) für Probleme, Seelenmüll und Ärger.

Wer sein Leben sauber führen will, beginnt mit einem geistigen Großreinemachen. Fangen Sie an, Ihren Ärger, Ihre Stimmungen, Ihr Leben in die eigene Hand zu nehmen. Übernehmen Sie Verantwortung für das, was immer passiert. Sagen Sie sich: »Okay, offenbar habe ich das selbst kreiert, sonst würde es ja nach dem Resonanzgesetz nicht in mein Leben treten. Ich nehme es an, gehe da durch und mache etwas Positives daraus!« Sobald Sie das erste Erfolgserlebnis haben, sind Sie aus dem »Gröbsten« heraus.

Sie können dieses Erfolgserlebnis nämlich »ankern«, indem Sie es sich immer wieder bewusst machen. Ein »geankertes« Erfolgserlebnis, das Sie sich, insbesondere in Krisenzeiten, immer wieder ins Bewusstsein rufen, zieht nach dem Gesetz der Resonanz das zweite Erfolgserlebnis an, dieses das dritte und so fort.

Die Energie des ersten Erfolgserlebnisses schiebt Sie wie die Triebfeder einer Spirale mit immer stärkerer Kraft nach vorne. Es ist, als würden Sie einen Wagen anschieben. Zuerst mit Mühe und Überwindung, später immer leichter, ziehen Sie Erfolge in dem von Ihnen fokussierten Bereich an, und Ärgernisse lösen sich mehr und mehr auf.

Zu Beginn dieses Kapitels haben Sie die Ärgerspirale kennengelernt. Sie können stattdessen auch die *Glücksspirale* in Gang setzen – es kommt nur auf Ihre Ausdauer und Beharrlichkeit an und auf Ihren Bezug zu einer Energie, die größer ist als die Probleme. Sie finden diesen Bezug in der Meditation und/oder im Gebet. Meditation und Gebet sind keine Übungen, um der Welt zu entfliehen oder sie nicht mehr fühlen zu müssen, sondern Kraftquellen, um das Leben zu meistern und in der Welt kraftvoll zu wirken. Beginnen Sie am besten heute, denn:

Heute ist der erste Tag
vom Rest Ihres Lebens.

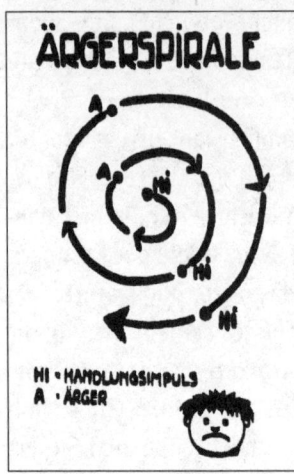

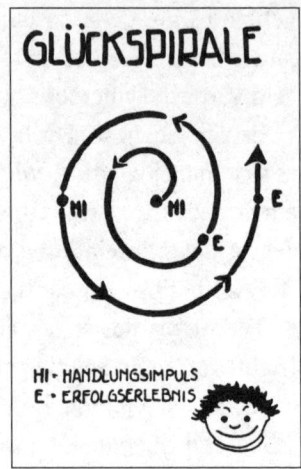

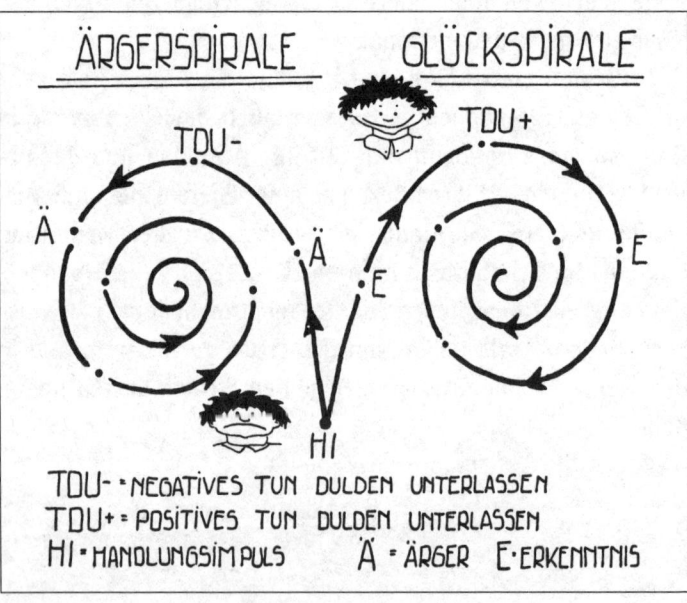

Übung 1

1. Machen Sie eine Ärgerbilanz. Fragen Sie sich:

- *Worüber bzw. wann ärgere ich mich?*
- *Wie reagiere ich auf Ärgernisse?*
- *Wie könnte ich stattdessen auch reagieren?*

Notieren Sie das alte und das neue Ergebnis. Probieren Sie aus, ob die neuen Verhaltensweisen im Alltag funktionieren, und zwar so lange, bis Sie Ihre eigene Souveränität erleben.

2. Motivieren Sie sich für ein Leben ohne Ärger. Motivieren Sie sich dazu, Konfrontationen und Stimmungen zu meistern – und dafür auch einiges zu tun. Die einfachste Art, sich für eine Sache zu motivieren: Begeben Sie sich gedanklich in den erwünschten Endzustand (Finalbild), indem Sie sich die Vorteile einer Sache bewusst machen und laufend neue Vorteile für sie finden. Fragen Sie sich:

Angenommen, ich wäre frei von Ärger und könnte Stimmungen und Konfrontationen souverän meistern – wie wäre das für mich? Wie wäre es, keine Angst mehr vor Reibung und Ärger zu haben, sondern voll in meiner Kraft zu stehen? Welche Vorteile hätte ich durch ein ärgerfreies Leben?

Übrigens: Sie können sich auch für andere Dinge motivieren, zum Beispiel für regelmäßigen Waldlauf, Morgenmeditation.

3. Ankern Sie Ihre Erfolgserlebnisse im »Transformieren«. Fragen Sie sich:

Wann habe ich es schon einmal geschafft, ein altes Verhaltensmuster (ärgern, urteilen, destruktiv reagieren, Angst haben) zu transformieren?

Notieren Sie mindestens fünf solcher Erfahrungen. Sammeln Sie auch im Alltag solche Erfolgserlebnisse und notieren auch diese. Legen Sie ein Erfolgstagebuch an. Wenn Sie später Erfolgserlebnisse im Transformieren von alten Verhaltensmustern notieren, kennzeichnen Sie diese mit der Abkürzung AMT (»Altes Muster transformiert«).

4. Machen Sie sich Themen bewusst, die Sie schon lange vor sich hergeschoben haben. Das kann eine Auseinandersetzung mit dem Nachbarn sein, das Ordnen Ihrer Ablage oder auch das Aufgeben einer lästigen Angewohnheit. Bevor Sie an Ihr Thema herangehen, erinnern Sie sich an Ihre früheren Erfolge im Ändern alter Muster. Dann versetzen Sie sich in die Zukunft. Fragen Sie sich:

- *Bei welchem von den Punkten kann ich mir am leichtesten ein erstes Erfolgserlebnis verschaffen?*
- *Wo will ich mich darin üben, ein destruktives Verhaltensmuster zu durchbrechen?*

Fangen Sie mit der leichtesten Übung an und steigern sich langsam, aber konsequent. Sammeln Sie »AMT-Punkte«. Seien Sie ein Transformator!

5. Machen Sie eine *Feuermeditation*: Setzen Sie sich (möglichst aufrecht) hin und machen Sie sich bewusst, was Sie ärgert, belastet oder woran Sie in unguter Weise noch festhängen. Notieren Sie es auf einen Zettel. Sobald Sie es sich bewusst gemacht haben, zünden Sie ein Streichholz an und verbren-

nen diesen Zettel. Sie stellen sich dabei vor, dass das, was Sie loslassen möchten, aus Ihrem Leben verbrannt wird und sich in Luft auflöst.

Machen Sie die Feuermeditation zuerst zu den Dingen, über die Sie sich ärgern. Machen Sie sich diese noch einmal bewusst. Dann verbrennen Sie das Blatt und sagen dabei:

»Ich lasse meinen Ärger über... los.«

Mögliche Themen können Ihr Vorgesetzter, eine frühere Beziehung, Ihre Kindheit, Bevormundung durch Ihren Partner, die Vergangenheit usw. sein. Beobachten Sie in den nächsten Tagen, was geschieht. Wenn Sie möchten, können Sie diese Übung auch in einer Gruppe durchführen.

Danach tanzen Sie zu feuriger Musik und stellen sich vor, dass während des Tanzens alle Energien, die mit dem belastenden Thema zusammenhängen, verbrennen. Dabei dürfen Sie ruhig schreien, springen, sich austoben. Sagen Sie sich vor dem Tanzen:

»Ich weihe diesen Tanz dem Loslassen von...«

2. KAPITEL

**Niemand kann mich ärgern –
außer ich selbst**

Sie können alles zum Anlass nehmen, sich zu ärgern.
Sie können es aber auch sein lassen.

Ich gewinne eine sportliche Einstellung zu Ärgernissen

Es sind nicht die Umstände, die Sie ärgern, sondern die Art, wie Sie darauf reagieren. Die Umstände sind neutral. Nur Ihre Einstellung entscheidet, ob Sie eine Situation als ärgerlich empfinden oder als inspirierend, motivierend, aktivierend, lehrreich oder Ähnliches. Wie schon die Sprache andeutet: »*Ich* ärgere mich.« Niemand auf der Welt hat die Macht, Sie zu ärgern, außer Sie selbst. Niemand anderes kann sich für Sie ärgern.

Sie können alles zum Anlass nehmen, sich zu ärgern: das angebrannte Essen, den Stau... Sie können es aber auch sein lassen, direkt zur Lösung übergehen und sich bei jeder Panne fragen: »Was ist *jetzt* zu tun?« Sie haben die Wahl. Am leichtesten ist es, wenn Sie in jedem Ärgernis ein »kostenloses Privattraining« auf dem Weg zu einem »neuen Gemütsmenschen« sehen. Vermeiden Sie die drei typischen Fehlverhalten:

1. Verdrängen (der »Schluckspecht«)
2. Herumschreien (der »Schreihals«)
3. Den Schuldigen finden oder Schuldgefühle haben (der »Bewerter«)

Ich teile meine Bedürfnisse mit, statt sie herunterzuschlucken

Der »Schluckspecht« erträgt alles geduldig und sagt nie seine Meinung. Er lässt den Ärger in sich gären und glaubt: »Wenn ich meinen Ärger herunterschlucke, habe ich erst einmal Ruhe. Ich muss alles geduldig ertragen.« Die Wahrheit ist: Herunterschlucken ist teuer!

Wenn die Menschen wüssten, was sie diese falsche Zurückhaltung (Zurückhaltung = »etwas zurückhalten«) kostet, würden sie aufräumen! Wer schluckt, bringt andere erst auf die Idee, ihren seelischen Mülleimer über ihm zu entleeren. Zurückhaltung ist also nicht angebracht.

Wer Unübersehbares übersieht und Unüberhörbares überhört, darf sich nicht wundern, wenn ihm eines Tages Hören und Sehen vergeht. Schlucken macht alles nur schlimmer. Je mehr Sie verdrängen, umso größer wird die Spannung – bis der Dampfkesseleffekt eintritt: Entweder entladen sich die angestauten Gefühle bei irgendeiner kleinen Gelegenheit (Explosion), oder man wird krank (Implosion).

Nehmen Sie also Ihre Gefühlsregungen ernst, und finden Sie einen Weg, souverän damit umzugehen. Spüren Sie Ihre Gefühle und Bedürfnisse, und teilen Sie diese mit, ohne den anderen für Ihren Ärger, Frust oder Schmerz verantwortlich zu machen. (Gegebenenfalls lernen Sie die gewaltfreie Kommunikation nach Marshall Rosenberg.) [4]

Wichtig ist, sich selbst zu leben und zu lieben und sich so zu nähren. Wenn Sie selbst genährt und satt sind, können Sie die Herausforderungen des Lebens leicht bewältigen. Regenerieren Sie sich immer wieder, und sorgen Sie dafür, dass Ihre Batterien voll sind.

Beispiel 5: Sie arbeiten den ganzen Tag an einem Projekt, ohne auf Ihre Ernährung und Gesundheit zu achten. Möglicherweise ärgern Sie sich, weil draußen die Sonne scheint, arbeiten aber wie besessen weiter. Besser ist es, immer wieder eine Pause einzulegen. Setzen Sie sich in die Sonne, laden Sie sich mit der Kraft der Sonnenstrahlen auf, und gehen Sie dann wieder mit mehr Schwung an Ihre Arbeit. Arbeiten Sie lieber abends eine Stunde länger, aber aufgeladen von der Kraft Ihrer Regeneration.

Beispiel 6: Es stört Sie, dass Ihr Partner jeden Abend vor dem Fernseher hockt. Wenn Sie sich jetzt, obwohl Sie Fernsehgucken hassen, Ihrem Partner zuliebe dazusetzen, sind Sie schnell frustriert. Gehen Sie stattdessen auf Ihren Partner zu und sagen Sie: »Ich habe Verständnis dafür, dass du gern fernsiehst. Doch, ich habe Lust, heute einmal etwas anderes zu machen. Ich möchte heute gerne tanzen gehen (oder einen Abendspaziergang machen oder ins Kino gehen). Soll ich alleine gehen, oder hast du Lust, mitzukommen?«

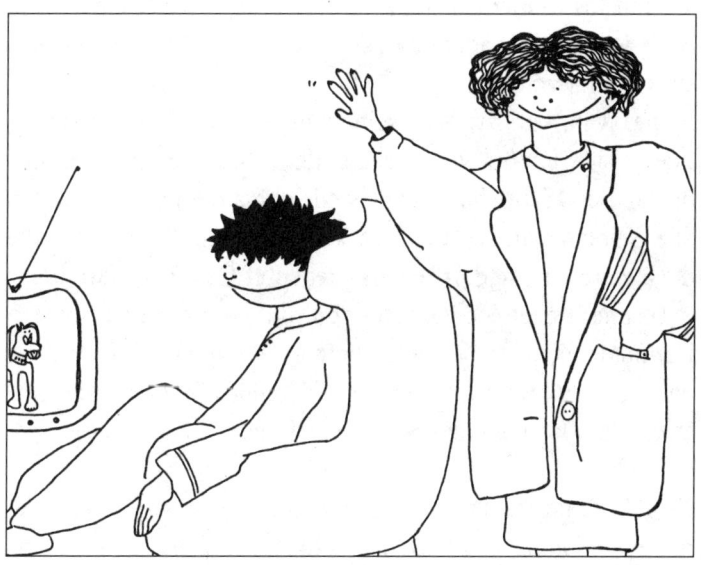

> *Wer seinen Ärger herunterschluckt*
> *und sich unangemessen zurücknimmt, wird krank.*
> *Wer sich nicht regelmäßig regeneriert*
> *und für sich selber sorgt und eintritt,*
> *der verbittert und degeneriert.*

Ich gehe taktvoll mit anderen um

Der »Schreihals« ist ein geistiger Umweltvergifter. Er knallt anderen rücksichtslos vor den Kopf, was ihm nicht gefällt. Er lebt in dem Irrglauben: »Wenn ich meinen Ärger hinausbrülle, bin ich ihn los. Außerdem ist Angriff die beste Verteidigung. So halte ich alle in Angst und Schrecken. Das verschafft mir Respekt und Macht.«

Die Wahrheit ist: Wer seinen Ärger einfach hinausbrüllt, macht sich unnütz viele Feinde, denn Druck erzeugt Gegendruck. Der »Schreihals« wird vielleicht äußerlich respektiert, aber seine Macht steht auf wackeligen Füßen: Er muss ständig die anderen in Rage halten, das bedeutet für ihn viel Stress.

Lösung: Gehen Sie vor jeder Konfrontation mit sich selbst in Harmonie, nehmen Sie einige tiefe Atemzüge und führen dann eine konstruktive Aussprache, ein klärendes Gespräch und eine stimmige Wandlung der Situation herbei.

Beispiel 7: Ihr Partner bittet Sie, nicht immer die Zahnstocher auf dem Wohnzimmertisch liegen zu lassen. Wenn Sie jetzt ant-

worten: »Was, ich soll meine Zahnstocher wegräumen? Schau doch mal in deinem Kühlschrank nach, wie es da aussieht!« und die Zahnstocher liegen lassen, wird Ihre Verbundenheit mit Ihrem Partner darunter leiden. Es ist kein Zeichen von Schwäche, sondern von Souveränität, einer stimmigen Bitte liebevoll nachzukommen. Stehen Sie also auf, und werfen Sie den Zahnstocher in den Mülleimer. Das bedeutet natürlich nicht, dass Sie unter dem Pantoffel stehen, sondern einfach nur, dass Sie eine Chance genutzt haben, Ihrem Partner eine Freude zu machen.

Beispiel 8: Ihre Kinder haben den Fußboden schmutzig gemacht. Wenn Sie jetzt toben und Ihre Kinder als »Schmutzfinken« be-

schimpfen, ohne ihnen zu sagen, wie sie sich Ihrer Meinung nach besser verhalten können, werden Sie keine Verhaltens- änderung erzielen. Bleiben Sie besser bei den Tatsachen: »Der frisch geputzte Fußboden ist wieder dreckig. Zieht die Schuhe bitte in Zukunft vor der Tür aus. Ich zeige euch jetzt, wie man den Boden sauber wischt, und wenn ihr ihn sauber geputzt habt, dürft ihr miteinander spielen, einverstanden?«

Ich suche die Lösung, nicht den Schuldigen – und gewinne so die Macht zurück

Der »Bewerter« reagiert auf Ärger, indem er einen Schuldigen sucht und meist auch findet. Bei den Hühnern gibt es die so-

genannte »Hackordnung«: Das jeweils stärkere Huhn tobt seine Aggressionen an einem schwächeren aus, indem es darauf einhackt. Manchmal hat man das Gefühl, dass auch die
Menschen in einem riesengroßen Hühnerstall leben. Wenn sie
niemanden mehr haben, den sie beschuldigen können, dann
beschuldigen sie entweder die Umstände oder sich selbst. Die
drei Fehl-Strategien des Beschuldigens sind also: andere beschuldigen, die Umstände beschuldigen oder sich selbst beschuldigen.

Dabei bietet die Strategie »andere beschuldigen« keine Vorteile. Geben Sie jemand *anderem* die Schuld, geben Sie dem
anderen die Macht, etwas zu ändern. Das heißt: Solange *der
andere* sich Ihnen gegenüber nicht ändert, haben Sie keine
Chance.

Beispiel 9: Der Glaubenssatz: »Mein Vater hat mein Leben ru-
iniert, weil er mich nie gelobt hat.« In dem Fall liegt die Macht
über Ihr Leben beim Lob Ihres Vaters, auf das Sie vielleicht noch
heute (vergeblich) warten. Falls Ihr Vater tot ist, wäre damit Ihr
Misserfolg zementiert.

Beispiel 10: Sie haben schlechte Laune. Da Sie nicht wissen,
warum, glauben Sie, die negative Ausstrahlung Ihres Partners
sei daran schuld. Solange Sie das meinen, wird sich Ihre Laune
immer verdüstern, wenn Sie Ihren Partner sehen. Klüger ist es
zu erkennen, dass Sie schlechte Laune haben und Ihr Partner
damit nichts zu tun hat.

Die Idee, Ihr Partner sollte Vergnügtheitspflichten genü-

gen, entspricht dem falschen Glaubenssatz: »Wenn mein Partner mich liebt, macht er mich glücklich.« Verantworten Sie Ihre
Stimmung selbst, gewinnen Sie auch Ihre Macht zurück. Vielleicht werden Sie auf diesem Weg für Ihren Partner sogar zum
»geistigen Champagner«?

Geben Sie den *Umständen* die Schuld, geben Sie den Umständen die Macht. Das heißt: Solange sich die *Umstände* Ihnen gegenüber nicht ändern, haben Sie keine Chance.

Beispiel 11: »In meinem Bundesland liegt die Arbeitslosenquo-
te bei 20 Prozent, da kann man einfach keine Arbeit finden.«
In dem Fall geben Sie der Statistik, dem Arbeitsklima usw. die
Macht darüber, ob Sie Arbeit finden oder nicht.

Beispiel 12: Sie sind Unternehmer. Ihr Geschäft floriert nicht
und Sie machen die schlechte Wirtschaftslage dafür verantwortlich. Solange Sie Ihre Energie darauf verwenden, die Wirtschaftslage zu beschuldigen, können Sie keinen Erfolg haben.
Fragen Sie sich besser: »Welche Chance habe ich in dieser Situation? Welche *Möglichkeiten* ergeben sich jetzt für mich?«
(zum Beispiel völlig neue Vertriebswege).

Geben Sie sich *selbst* die Schuld, geben Sie Ihrem »So-Sein«
(Ihrem Charakter usw.) die Macht. Das heißt: Solange sich Ihr
So-Sein nicht ändert (und das dauert lange!), haben Sie keine
Chance.

Beispiel 13: Negative Selbstgespräche wie: »Wer so ein Versager ist wie ich, hat es auch nicht besser verdient!« Da beißt sich die Katze in den Schwanz!

Besser ist es, sich zu sagen: »Obwohl ich... nicht erreicht habe, akzeptiere ich mich voll und ganz!« Das öffnet die Tür zu neuen Möglichkeiten.

Schuld und Macht schwingen wie ein Pendel hin oder her, Sie können nicht beides zugleich haben.

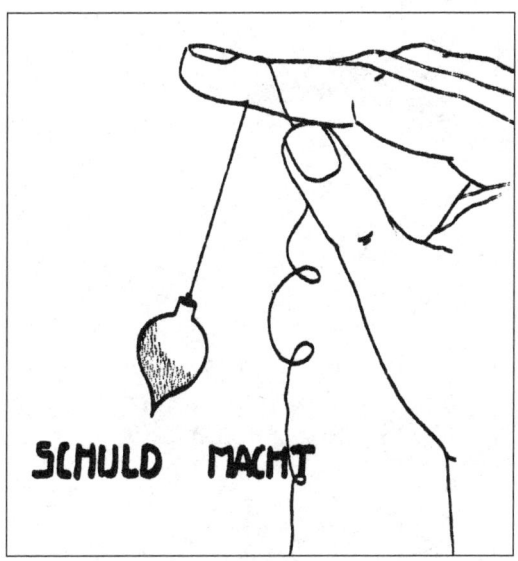

Erkennen Sie: *Alle* Beteiligten sind auf ihre Weise moralisch unschuldig. Jeder hat so gehandelt, wie er angesichts seines Wissens, seiner Möglichkeiten und der Umstände glaubte, handeln zu müssen. Was war, ist geschehen und darf losgelassen werden. Gehen Sie ohne Schuldzuweisungen direkt an die Lösung.

In scheinbar aussichtslosen Fällen bitten Sie um Hilfe durch Ihre Intuition/Ihr höheres Selbst/die Eine Kraft – oder machen Sie ein *Brainstorming*. Bringen Sie frischen Wind in Ihr Denken, indem Sie erst einmal, ohne zu filtern, alle möglichen Lösungs-

möglichkeiten notieren. Sammeln Sie, was Ihnen einfällt, und denken Sie dann über die einzelnen Vorschläge nach. Brainstorming können Sie natürlich auch in der Gruppe machen, insbesondere wenn es sich um gemeinsame Probleme handelt.

Geben Sie es auf, andere in negativen Schuldprojektionen festzuhalten. Akzeptieren Sie, was geschehen ist, und konzentrieren Sie (gegebenenfalls gemeinsam) alle Energie darauf, aus den gegebenen Umständen das Beste zu machen. Dann denken Sie wirklich positiv. Beachten Sie:

- Nicht die anderen beschuldigen!
- Nicht die Umstände beschuldigen!
- Nicht sich selbst beschuldigen!

Fragen Sie sich stattdessen: »Was ist die Möglichkeit, jetzt? Welche Möglichkeiten stehen mir/uns jetzt zur Verfügung?«

Mit dem Maß, mit dem Sie messen,
werden Sie gemessen werden.

Ich verzeihe allen, die mich geärgert haben

Verzeihen Sie aufrichtig allen, die Sie für Ihren Ärger verantwortlich gemacht haben: den anderen, den Umständen und insbesondere sich selbst.

Sehen Sie es so, dass alle, die Sie geärgert haben, Ihnen in Wirklichkeit eine wertvolle Lernchance angeboten haben. Wenn Sie sich bewusst sind, dass Sie durch Beschuldigen gleichzei-

tig die Macht abgeben, erkennen Sie: Nur wer ehrlichen Herzens verzeiht, hat eine Chance, sich vom Rucksack der Vergangenheit zu befreien. In der Bibel, Matthäus 7,1, steht: »Richtet nicht, damit ihr nicht gerichtet werdet, denn mit dem Gericht, mit dem ihr richtet, werdet ihr gerichtet, und mit demselben Maß, mit dem ihr messt, werdet ihr gemessen!«

Zu verzeihen bedeutet natürlich nicht, dass Sie auf Ihre Rechtsansprüche verzichten, wenn Ihnen andere Schaden zugefügt haben. Es geht vielmehr um den Verzicht auf Rache, Ärger und Vorhaltungen. Dabei muss Ihr Erzfeind nicht gleich Ihr Busenfreund werden. Der gute Wille und die positive innere Einstellung genügen.

Beispiel 14: Sie hadern mit Ihrer Mutter, weil sie Ihnen eingetrichtert hat, das Leben sei kein Zuckerschlecken. Solange Sie Ihre Mutter für Ihre depressive Einstellung zum Leben verantwortlich machen und ihr nicht verzeihen, werden Sie (unbewusst) alles tun, damit Ihr Leben hart bleibt und Sie Ihre Mutter weiterhin beschuldigen können. Deshalb ist Verzeihen so wichtig!

Nicht einmal der übelste Feind
kann dir so schaden
wie deine eigenen negativen Gedanken.
Nicht einmal der engste Freund
kann dir so helfen
wie deine eigenen mitfühlenden Gedanken.
Buddha Samujaki

Ich bin frei von Schuldgefühlen

Wer Schuldgefühle hat, ist im Leben immer der Trottel. In Wahrheit gibt es keine Schuldgefühle. Schuld ist kein ursprüngliches Gefühl wie Angst oder Freude, sondern ein Produkt von negativem Denken, das sich emotional auswirkt. Die Tierwelt zeigt uns, dass Schuld das Produkt einer Konditionierung ist: Freilebende Hunde kennen keine Schuldgefühle, nur domestizierte Hunde kennen sie. Der Verhaltensforscher fragt ganz zu Recht: »Woher hat der Dackel sein Gewissen?« – Vom Menschen natürlich! Schuldgefühle sind also nicht natürlich. Es gibt nur »Schulddenken«, das negative Gefühle erzeugt. »Schuldgefühle« sind in Wahrheit eine Legierung aus negativem Denken und Emotion.

Indem Sie sich den Zusammenhang von negativen Gedanken und Schuldgefühlen bewusst machen, können Sie die negativen Glaubenssätze und Einstellungen verändern. Es sind gerade die Schuldgefühle und das Selbstbedauern, welche die tiefere Empfindung von Betroffenheit, Reue und positive Verhaltensänderung verhindern. Deshalb ist es so wichtig, Schulddenken loszulassen.

Wenn Sie selbst frei von Schuldgefühlen sind, anderen also keine Resonanz mehr bieten, Sie zu beschuldigen, werden Sie auch nicht mehr beschuldigt und müssen sich auch nicht mehr entschuldigen. Sie können zwar sagen, dass Sie bedauern, was geschehen ist, oder es Ihnen leidtut. Sie können Mitgefühl wahrnehmen und ausdrücken, aber Sie hängen nicht mehr an der »Schuldangel«. Schuldgefühle sollen uns daran er-

innern, Mitgefühl und Verbundenheit zu entwickeln und uns im Jetzt stimmig zu verhalten. Reale Schulden sollten ausgeglichen werden, zugefügter Schmerz wenn möglich getröstet. Nicht Schuldgefühle, sondern der rechte Gedanke, das rechte Wort, die rechte Tat sind die Antwort auf eine ungelöste Situation.

Beispiel 15: Sie werfen bei Ihrem Gastgeber versehentlich eine Lampe um. Der Fuß der Lampe zerbricht in tausend Scherben. Wenn Sie sich jetzt übertrieben entschuldigen: »Oh, du kannst dir gar nicht vorstellen, wie leid mir das tut! Ich bin aber auch zu ungeschickt! Ich mache nie etwas richtig! Kannst du mir noch einmal verzeihen? Ich werde mich in deinem Haus auch nie wieder so unvorsichtig bewegen!«, wecken Sie nur den Scharfrichter im anderen. Souveräner wirkt ein Kommentar wie: »Ich werde den Schaden selbstverständlich wiedergutma-

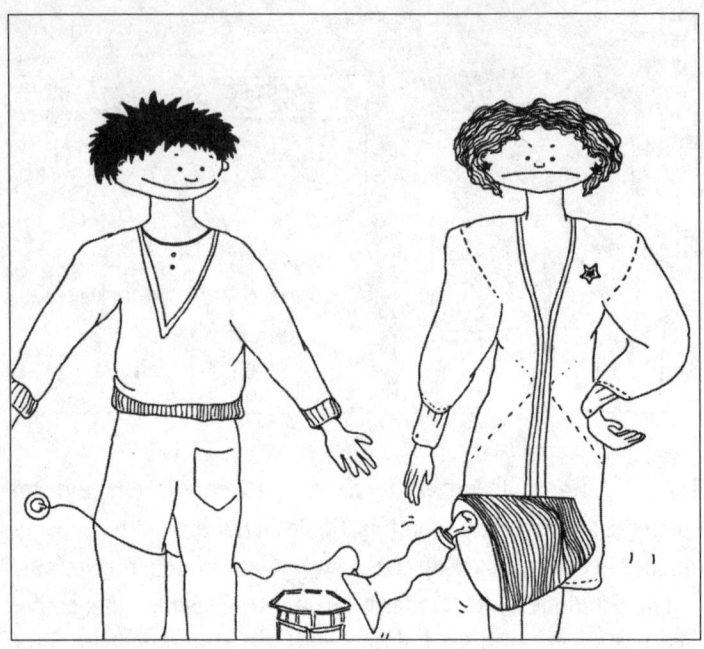

chen. Soll ich dir eine neue Lampe kaufen, oder magst du mir die Rechnung schicken, oder was wäre die richtige Lösung?«

Übung 2

1. Trainieren Sie konstruktives Denken, indem Sie zu Ärgernissen einen positiven Aspekt finden. Notieren Sie dafür zehn Menschen, die Sie irgendwann einmal geärgert, in Ihrer Freiheit eingeschränkt oder belastet haben. Machen Sie sich ge-

nau die Situation bewusst, in der Sie das erlebt haben: Welche Jahreszeit war es? Welche Tageszeit? Wie war das Wetter? usw. Dann überlegen Sie, welche Lernchance beziehungsweise welchen Vorteil Sie *günstigenfalls* in dieser Situation auf Ihren Lebensweg mitbekommen haben. Finden Sie also den positiven Aspekt dieser zehn Situationen heraus und notieren ihn jeweils neben der entsprechenden Situation.

2. Notieren Sie zehn Menschen, die Sie dafür verantwortlich machen, dass etwas in Ihrem Leben schiefgelaufen ist. Machen Sie sich wiederum die konkreten Situationen bewusst. Machen Sie sich bewusst, welche Lernchance beziehungsweise welchen Vorteil Sie *günstigenfalls* durch diese Situationen bekommen haben, und schreiben Sie das Erkannte neben die jeweilige Situation.

3. Jetzt geht es um Situationen, in denen Sie *anderen* »auf den Fuß getreten« sind. Notieren Sie zehn Menschen, gegenüber denen Sie sich schuldig fühlen, weil Sie ihnen wehgetan haben. Empfinden Sie Mitgefühl für das, was Sie ausgelöst haben. Drücken Sie in einem »geistigen Zwiegespräch« Ihr Bedauern aus und dass es Ihnen leidtut. Und dann lassen Sie das Schuldgefühl los – mit einem weiten Herzen.

4. Abschließend versuchen Sie, Erfolgserlebnisse zu »ankern«. Machen Sie sich drei Erfolgserlebnisse im Verzeihen, im Verantwortung-Übernehmen und Schuldgefühle-Loslassen bewusst und notieren Sie diese. Kennzeichnen Sie diese Erlebnisse in Ihrem Erfolgstagebuch mit »EA« (Erfolgserlebnis ankern).

5. Machen Sie wieder eine Feuermeditation. Benutzen Sie dafür

die Listen von Punkt 1 und 2. Verbrennen Sie Ihre Notizen, und verinnerlichen Sie dabei:

Ich verzeihe jedem einzelnen dieser Menschen, die mich möglicherweise geärgert, eingeschränkt, belastet oder unvorteilhaft beeinflusst haben. Ich entlasse sie aus jeglicher Schuld. Ich übernehme die alleinige Verantwortung für mein Leben. Ich wünsche allen Beteiligten für Ihren Lebensweg ehrlichen Herzens alles Gute.

6. Machen Sie die Feuermeditation für die Liste von Punkt 3. Verinnerlichen Sie dabei:

*Ich lasse Schulddenken los und bin frei von Schuldgefühlen,
denn ich erkenne: Ich habe nach damaligem Wissens- und Er-
kenntnisstand gehandelt – und bin bereit, heute mein Bestes zu
geben.*

Spüren Sie die Energie des Verzeihens: Sie strömt von den anderen zu Ihnen und von Ihnen zu Ihrem innersten Seelenkern.
Beobachten Sie in den nächsten Tagen, was geschieht.

3. KAPITEL

Die Erwartungen loslassen

Erwartungen und Vorstellungen führen zu Enttäuschung und Verblendung

Menschen ärgern sich, weil sie Erwartungen haben. Wenn Sie sich ärgern, versuchen Sie doch einmal herauszufinden, wo sich Ihre Erwartungen versteckt haben. Sie werden hinter jedem Ärger eine heimliche Erwartung finden.

Warum hat man überhaupt Erwartungen? Mit Erwartungen will man sich die Zukunft versüßen, sich auf etwas Schönes freuen. Leider geht die Strategie »Erwartungen haben« selten auf. Fast alle Erwartungen enden mit einer Enttäuschung (Enttäuschung = Befreiung von einer Täuschung). Die Chancen, dass das Leben Ihre Erwartungen erfüllt, es also genau so kommt, wie Sie sich es vorgestellt haben, stehen bei 1 : 99. Deshalb: Erwarten Sie nichts – und Sie werden nicht enttäuscht.

Es geht hier nicht darum, Erwartungen herunterzuschrauben, sondern zu vergessen, dass Sie jemals Erwartungen gehabt haben. Erwartungen sind die Scheuklappen des Lebens! Lösen Sie sich auch von der Vorstellungen (Vorstellung = etwas vor die Wirklichkeit stellen), wie die Dinge sein sollten. Dann sind Sie wieder offen für die Wunder des Lebens, erleben unberechenbares Glück und werden laufend vom Leben beschenkt. Fragen Sie sich doch einmal: »Was ist das Geschenk des Lebens an mich heute?«

Beispiel 16: Sie gehen abends in der Erwartung aus, eine tolle Frau kennenzulernen – jedoch ohne Erfolg. Am Tisch neben Ihnen sitzt ein interessanter Herr, der zu Ihnen herüberschaut.

In dem Fall lassen Sie die Erwartung an den Abend los. Vielleicht kommen Sie mit dem Herrn neben Ihnen ins Gespräch und knüpfen eine interessante Geschäftsverbindung oder eine wertvolle Freundschaft.

Statt frustriert zu sein, dass das Leben Ihre Erwartungen und Vorstellungen nicht erfüllt, fragen Sie sich: »Was ist das Geschenk des Lebens an mich – jetzt?«

In Fällen, in denen Sie allerdings bestimmte Ansprüche haben, zum Beispiel dass der Kfz-Mechaniker Ihr Auto ordentlich repariert oder Ihr Mitarbeiter seine Arbeit gut erledigt, sorgen Sie dafür, dass dies auch geschieht – das hat jedoch nichts mit Erwartungen zu tun, sondern ist reiner Pragmatismus.

> *Wenn etwas wert ist, getan zu werden,*
> *dann ist es auch wert, gut getan zu werden.*
> *Warum nicht auch mit Freude?*

Ich bin frei von Berechnung und lebe meinen natürlichen Magnetismus

Viele Menschen meinen, dass es sich auszahlt, berechnend zu sein. Sie handeln in einer ganz bestimmten Erwartung, verfolgen also heimliche Absichten. Oft versuchen sie, mit »der Wurst nach dem Schinken zu werfen«, das heißt, sie geben, um zu bekommen. Sie helfen dem Nachbarn und sind dann sauer, wenn dieser ihnen nicht hilft. Berechnend sein bringt nichts als Ärger.

Wenn Sie ein Geschäft beabsichtigen, sollte der Vertrag ganz klar auf dem Tisch liegen, zum Beispiel: »Ich repariere deine Waschmaschine und dafür hilfst du mir im Sommer beim Zeltaufbau!« Oder Sie geben selbstlos. Verdeckte Erwartungen allerdings schaffen nur böses Blut.

Durch berechnendes Handeln andere an sich zu binden, ist die Wurzel vielen Ärgers, denn es bedeutet, ständig Druck auf seine Umwelt auszuüben. Druck erzeugt Gegendruck, und das macht berechnendes Handeln anstrengend, frustrierend und ärgerlich.

Tatsächlich ist es eine fragwürdige Methode, andere unter Druck zu setzen, um eigene Absichten zu verwirklichen. Viel geeigneter ist Magnetismus (Sog). Sie können Erfolg immer durch zwei Methoden erreichen: durch Druck oder durch Magnetismus.

Magnetisch sein bedeutet, frei von Druck präsent zu sein, ohne Absicht zu geben, wenn es Ihnen entspricht, und anzunehmen,

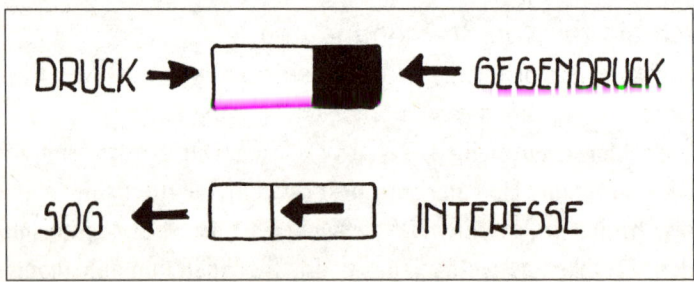

was freiwillig gegeben wird. Ihre Mitmenschen bemerken Ihre positive Grundeinstellung und fliegen Ihnen zu wie die Motten dem Licht. Handeln Sie also ohne Hintergedanken. Arbeiten Sie aus reiner Freude am Tun.

Wenn Sie flirten, dann flirten Sie aus reiner Freude am Flirt, nicht um etwas zu erreichen. Der Flirt selbst ist das Geschenk, nicht das, was folgt. Seien Sie einfach ein Geschenk für Ihren Flirtpartner.

Wenn Sie anderen helfen, dann, weil es Ihnen Spaß macht, nicht um beim anderen etwas gutzuhaben. Ansonsten lassen Sie es. So wirken Sie authentisch.

Beispiel 17: Sie gehen zu einem Kunden und haben die Absicht, etwas zu verkaufen. Variante A/Druckverkauf: Der Kunde bemerkt Ihre Gier (Sie haben »Euromünzen in den Augen«) und ist dementsprechend reserviert. Am Ende des Gesprächs sind Sie frustriert, weil Sie nicht zum Abschluss gekommen sind. Variante B/Magnetismus: Sie gehen zum Kunden und sind für ihn da. Der Kunde erkennt, dass Sie nicht gekommen sind, um ihm etwas zu nehmen, sondern ihm etwas zu bieten. Er kauft bei Ihnen und empfiehlt Sie weiter.

Beispiel 18: Vor Kurzem haben Sie einem Freund bei der Gartenarbeit geholfen. Nun hat Ihre eigene Wohnung einen gründlichen »Hausputz« nötig. Variante A: Sie erwarten, dass sich Ihr Freund für Ihre Hilfe im Garten revanchiert. Sie rufen ihn an und fragen ihn, ob er Ihnen beim Putzen hilft. Er lehnt ab. Sie sind enttäuscht, ärgern sich über ihn und kündigen ihm die Freundschaft. Variante B: Sie fragen sich, ob es *für Sie* in Ordnung ist, wenn Sie ihm helfen, oder ob Sie das nur aus reiner Höflichkeit tun. Wenn es Höflichkeit ist, lassen Sie die Sache bleiben. Andernfalls akzeptieren Sie es, wenn Ihr Freund keinen Anlass sieht, Ihnen beim Hausputz zu helfen, um sich seinerseits für Ihre Hilfe zu revanchieren.

Nichts begehren – nichts zurückweisen

Begehren ist ein anderes Wort für zwanghafte Erwartung. Dies wird deutlich, wenn wir das Wort Begehren durch das Wort »Begierde« bzw. Gier ersetzen. Gier verursacht zwangsläufig Ärger und verhindert dauerhaftes Glück. Möglicherweise werden Sie sagen, dass Sie das nicht betrifft, weil Sie absolut frei von Gier leben – doch machen Sie einmal das Experiment, sich im Alltag zu beobachten.

Beobachten Sie immer wieder, woran Ihre Aufmerksamkeit haften bleibt. Meistens handelt es sich dabei um scheinbar begehrenswerte oder verabscheuungswürdige Dinge. Wann immer Ihre Aufmerksamkeit abschweift, werden Sie dies als Verlust der inneren Mitte bemerken – wenn Sie sich dessen bewusst sind.

Sind Sie mit Ihrer Aufmerksamkeit immer in Ihrer inneren Mitte? Oder kommt es vor, dass Sie sich von sinnlichen Reizen wie schönen Frauen/Männern, Essen, Luxusartikeln, Werbung zum »Haben-Wollen« oder gar »Haben-Müssen« verleiten lassen? Und wo weichen Sie aus? Was wollen Sie nicht wahrnehmen? Worüber regen Sie sich stundenlang auf? Über den Bettler auf der Straße?

Sobald Sie auf Begehren, auf irgendeinen Sirenengesang hereinfallen, kommt der Gier-Mechanismus in Gang. Die Gier redet Ihnen ein: »Du brauchst das und das, es macht dich glücklicher.« Das stimmt zwar nicht, denn bevor Sie das Objekt Ihrer Gier gesehen haben, haben Sie sich ja ganz wohlgefühlt. Gier gaukelt also einen Mangel vor, der in Wirklichkeit gar nicht vorhanden ist.

Die Gier ist ein Betrüger, weil Gier nur noch mehr Gier schafft, aber nie wahre Erfüllung bietet. Ganz im Gegenteil: Gier verhindert Erfüllung. Gier ist nicht nur überflüssig, sondern schädlich, denn die Gier will immer genau das, was Sie im Augenblick nicht haben. Gier lässt Sie hinter einer Fata Morgana herjagen. Wahres Glück aber kommt nicht vom Begehren, sondern vom liebevollen Annehmen, was Ihnen freiwillig gegeben wird.

Suchen Sie nach etwas, was Sie glücklich *macht*, werden Sie laufend frustriert sein. Sind Sie jedoch glücklich aus sich heraus, winkt Ihnen die Welt zu. Reich ist, wer mehr hat, als er begehrt. Und arm ist, wer mehr begehrt, als er hat.

Beispiel 19: Ein Clochard auf der Straße kann – scheinbar völlig ohne Grund – glücklich sein. Ein Millionär kann – ohne ersichtlichen Grund – unter Depressionen leiden.

Wenn Sie glücklich sein wollen, hören Sie auf, nach etwas zu suchen, das Sie glücklich macht. Finden Sie stattdessen einen Weg, das, was Sie sind, zu leben. Verwirklichen Sie sich, indem

Sie geben, wozu Sie freiwillig bereit sind, was Sie können und wozu Sie begabt sind. Geben Sie vor allem Liebe. Denn Liebe ist ein Gut, das sich vermehrt, je verschwenderischer man mit ihm umgeht. Geben Sie Ihre Liebe und Ihr Mitgefühl ohne Unterschied, und die anderen werden Ihre Nähe suchen, um sich an Ihnen zu wärmen wie Frierende an einem warmen Ofen. Sie werden sich dann reich fühlen wie ein Kaiser, selbst wenn Sie nichts besitzen außer Ihrer Liebe und Ihrem Mitgefühl.

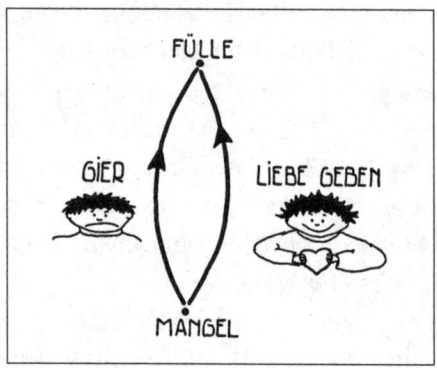

> Was der Gierige sucht, ohne zu finden,
> *findet der Liebende, ohne zu suchen.*

Gleichnis 4: Wahre Heimat

Du bist zu Hause, wo du liebst,
wo du verschenkst, verströmst, vergibst,
wo du ins Dunkel Licht entsendest,
wo du beseelte Wärme spendest.

Du bist zu Hause, wo du stehst,
wo du geworden und vergehst,
bedeutungslos sind Zeit und Ort:
Das Licht der Liebe ist dein Hort.

Es ist das Meine und das Deine,
es ist die Fülle und das Eine,
woraus wir atmen, leben, streben,
und kann uns allen Heimat geben. [5]

Gier verwandeln durch fantasievolles Umwandeln

Ein Seminarteilnehmer hat einmal gesagt: »Opfere alles für deinen inneren Frieden – aber opfere deinen inneren Frieden für nichts.«

Normalerweise hängen wir an tausend Dingen gleichzeitig, und das zehrt an unserer Kraft. Wir versuchen wie ein Zirkusjongleur alles gleichzeitig auszubalancieren und verlieren dabei unsere innere Mitte, unseren inneren Frieden, den Bezug zu uns selbst. Wenn Sie sich jedoch auf ihren inneren Frieden konzentrieren, haben Sie einen Fokus, aus dem heraus Sie eine äußere Herausforderung nach der anderen bewältigen werden.

Wie erreichen wir diesen inneren Frieden? Sobald Sie Gier verspüren, richten Sie Ihre Aufmerksamkeit nach innen. Wenn Sie den inneren Frieden zu Ihrem wichtigsten Ziel und Indikator machen, werden Sie ihn spüren und er wird durch Sie handeln.

Ein gutes Beispiel ist das wogende Meer: Auf der Oberfläche des Meeres sind gewaltige Wellen, die uns zerschmettern können. Doch in der Tiefe des Meeres ist Stille, ist Frieden. Und so ist es auch mit unserem eigenen Leben: An der Oberfläche un-

serer Psyche ist ständige Unruhe, doch in unserer Tiefe finden wir den Frieden, den wir suchen. Verlassen Sie also die stürmische Brandung und gehen Sie in die Tiefe. In jeder Gier liegt die Aufforderung, in diese Tiefe und damit in Ihre Mitte zurückzukehren.

Aus der Physik kennen wir das stabile Gleichgewicht und das labile Gleichgewicht. Befindet sich eine Kugel im labilen

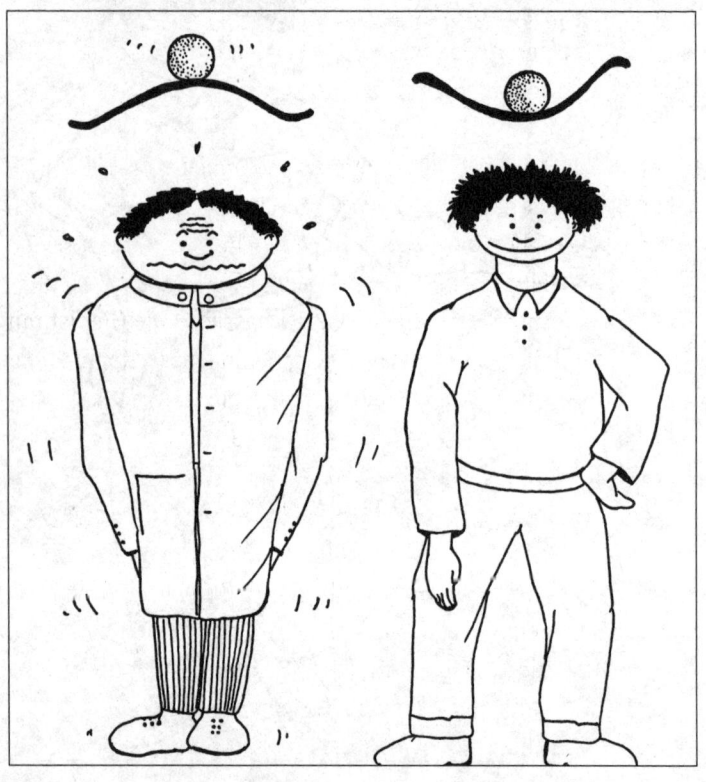

Gleichgewicht (z. B. auf einer Kuppel), so genügt bereits ein kleiner Stoß und die Kugel fällt herunter. Befindet sich die gleiche Kugel im stabilen Gleichgewicht (z. B. in einer Schale), hält sie selbst starken Bewegungen stand. Im Yoga, Tai-Chi und bei den fernöstlichen Kampfsportarten ist das stabile Gleichgewicht oberstes Gebot.

Machen Sie die Gier zum Auslöser, um in Ihre innere Mitte zurückzukehren, und es können Wunder in Ihrem Leben geschehen. Bevor Sie auf ein Objekt der Gier (Luxusartikel, Frau, Alkohol usw.) reagieren, fragen Sie sich: Bin ich in der richtigen Verfassung, um richtig zu entscheiden?

Beispiel 20: Sie sehen eine neue Stereoanlage und wollen sie um jeden Preis haben. Sie kaufen sie sofort und verschulden sich, um sie zu bezahlen. Nach einer Woche ist sie Ihnen schon wieder langweilig geworden. Dann sehen Sie ein Auto und denken: »Oh, das muss ich haben.« Was ist passiert? Die Gier ist mit dem Kauf der Stereoanlage nicht verschwunden, sie hat sich nur auf ein Folgeobjekt verlagert, um Sie wie ein Blutsauger weiter zu benutzen.

Wie können Sie sich von der Gier befreien?
1. Beobachten Sie Ihr Begehren wie ein Wissenschaftler: Beobachten Sie, woher Ihr Begehren kommt. Gehen Sie zurück zur Quelle. Fragen Sie sich: »Wer redet mir das gerade ein?«
2. Stellen Sie sich die Erfüllung Ihres Begehrens vor: Stellen Sie sich vor, Sie hätten das, was Sie begehren, gerade bekommen, und fühlen Sie, was Sie dabei empfinden. Erleben Sie,

was *hinter* Ihrem Begehren steckt, was Sie wirklich wollen. Sie werden erfahren, dass das Begehren etwas anderem Platz macht, das mit innerem Frieden und innerer Erfüllung zu tun hat.

3. Lassen Sie los, und wenden Sie sich Ihrem inneren Frieden zu.

Der geistige Lehrer Sattja Sai Baba empfiehlt: »Wann immer du ein Begehren spürst, wandle dieses Begehren um in die Sehnsucht, Gott/die Eine Kraft zu erleben.«

Fantasievolles Loslassen bietet drei wesentliche Vorteile:

1. Sie fühlen sich befriedigt (die Zwanghaftigkeit ist weg).
2. Sie ruhen wieder in Ihrer inneren Mitte.
3. Sie sind offen für die Wunder des Lebens.

Beispiel 21: Sie sitzen im Restaurant und verspüren Gier nach einem riesigen Stück Torte, obwohl Sie wissen, dass sie eine Belastung für Ihre Leber ist. Wenn Sie das Tortenstück gierig verschlingen, bekommen Sie möglicherweise Appetit auf ein weiteres Stück, und nach dem dritten Stück ist Ihnen schlecht.

Wenn Sie sich jedoch vorstellen, Sie hätten die Torte bereits gegessen, und wenn Sie spüren, was Sie wirklich wollen, leben Sie gesund. Und wenn Sie doch nicht widerstehen können, lassen Sie die Torte langsam auf der Zunge zergehen, genießen Sie Ihre »Sünde«, statt Schuldgefühle zu haben. Bewusstes Genießen ist ein weiterer Weg, sich von Gier zu befreien.

Beispiel 22: Sie besuchen eine Tanzveranstaltung und wollen unbedingt einen Tanzpartner kennenlernen. Ihr Verstand sagt

Ihnen: »Wenn ich diese Frau/diesen Mann kennenlerne, dann geht es mir gut.« Der Reinfall ist vorprogrammiert: Entweder Sie lernen sich kennen – dann ist es mit Bestimmtheit nicht so schön, wie es Ihnen die Gier vorgaukelt. Oder Sie lernen sich nicht kennen – dann sind Sie ebenfalls enttäuscht.

Fantasievolles Loslassen: Stellen Sie sich vor, Sie hätten Ihren Tanzpartner bereits kennengelernt. Sobald Sie Ihren inneren Frieden gefunden haben, prüfen Sie, ob es richtig ist, den anderen/die andere anzusprechen. Denken Sie daran: Geben ist besser als nehmen, dann sind Sie im Gespräch frei von Druck, Vorstellungen und Erwartungen. Wenn Sie frei von Gier sind, wird es Ihnen leichtfallen, zu erspüren, ob der/die andere sich von Ihnen angezogen fühlt, oder ob Ihr Interesse einseitig ist. Im letzteren Fall können Sie sich eine Enttäuschung ersparen.

Übung 3

1. Notieren Sie
- zehn Menschen, an die Sie Erwartungen haben,
- zehn allgemeine Erwartungen, die Sie haben,
- zehn Dinge, auf die Sie gierig sind bzw. waren,
- zehn Vorstellungen, die Sie unbewusst in Ihrem Leben hatten.

2. Notieren Sie zehn Erfolgserlebnisse im Loslassen von Erwartungen, Gier und Vorstellungen. Notieren Sie hinter jedem Erfolgserlebnis durch einen Kennbuchstaben, ob es ein Los-

lassen von Erwartungen (E), Hoffnungen (H), Gier (G) oder Absichten (A) war.

3. Machen Sie eine Feuermeditation. Verbrennen Sie Ihre Aufzeichnungen von Punkt 1 und verinnerlichen Sie dabei:

Ich lasse ab sofort alle Erwartungen los. Ich erwarte nichts Konkretes von anderen. Ich erwarte nichts Konkretes vom Leben. Ich handle absichtslos. Ich vertraue dem Leben, und das Leben vertraut mir. Ich bin bereit, die Geschenke des Lebens anzunehmen. Ich bin jetzt offen für die Wunder des Lebens.

Beobachten Sie in den nächsten Tagen, was geschieht.

4. KAPITEL

Unabhängig sein von den Reaktionen anderer

Ich bin emotional unabhängig von Lob und Kritik

Sie ärgern sich, wenn man an Ihnen herumkritisiert. Warum kritisiert man an Ihnen herum? Aus dem gleichen Grund, aus dem man Sie lobt: Man möchte Sie zu einem erwünschten Verhalten beeinflussen. Lob und Kritik sind also nichts anderes als der Versuch, Sie zu manipulieren.

Die meisten Menschen neigen dazu, sich nach Kritik miserabel, nach Lob aber hervorragend zu fühlen. Deshalb verhalten sie sich so, dass sie gelobt werden, und merken nicht, dass sie sich dabei oft zum Hampelmann der anderen machen. Für Ihre persönliche Freiheit ist es ungeheuer wichtig, emotional unabhängig von Lob und Kritik zu werden.

Wie soll man reagieren, wenn man kritisiert wird? So auf jeden Fall nicht:

- Den Schwanz einziehen und die Kritik schlucken (s. Kapitel 2)
- Herumschreien und zurückschlagen (s. Kapitel 2)
- Die Schuldfrage klären (s. Kapitel 2)
- Sich rechtfertigen
- Darüber diskutieren, was »man tut«

Entwickeln Sie eine souveräne Einstellung zu Reibung und Konfrontation

Ein häufiges Ärgernis ist die Konfrontation. Die Konfrontation ist eine Kritik, die so deutlich geäußert wird, dass Sie sich nicht daran vorbeimogeln können. Um eine Konfrontation zu meistern, ist es wichtig, dass Sie sie positiv sehen: Sie ist immer eine Chance zur Begegnung, eine Chance, sich durch den anderen selbst zu erfahren, eine Chance, die Maske abzulegen. Sie können diese Chance nutzen oder nicht – es liegt an Ihnen.

Was Sie im Leben einengt, sind ungelöste Konfrontationen. Es gibt viele sinnvolle und hilfreiche Einstellungen zu Konfrontationen. Ein Beispiel: Wenn Sie Sportler sind, hilft Ihnen vielleicht die sportliche Einstellung. Erkennen Sie in jedem, der Sie zur Konfrontation herausfordert, einen Privattrainer, der Ihr Bewusstsein testet.

Gehen Sie keiner notwendigen Konfrontation aus dem Weg. Konfrontieren auch Sie die Menschen – aber nicht mit Ihrem Ärger, sondern mit Ihrem Mitgefühl, Ihrer Offenheit, Ihrer Liebe, Ihrem Verständnis, Ihrer Klarheit und natürlich auch sehr bewusst mit dem, was Ihnen wichtig ist. Konfrontieren Sie die Menschen nicht mit dem, was Sie trennt, sondern mit dem, was Sie eint. Lernen Sie zu kommunizieren (kommunizieren = lat. das Gemeinsame finden).

Keine Angst vor Ärger

Aus Angst vor Ärger wagen wir es nicht, Nein zu sagen. Der andere, sei es der Partner, der Chef oder der Nachbar, bestimmt dann über unser Leben. Wir lassen uns dominieren. Wir essen ein Essen, das wir nicht mögen, besuchen Leute, mit denen wir eigentlich nichts zu tun haben wollen, und heucheln, wenn unsere eigene Meinung gefragt ist. Wir treffen nicht mehr die Leute, die wir eigentlich lieben, besuchen nicht mehr die Orte, an denen wir uns wohlfühlen – nur weil es jemand anderem nicht gefällt. Wir verstecken uns hinter einer Maske aus Freundlichkeit und spüren unsere unterdrückte Wut nicht mehr. Vielleicht flüchten wir uns in das Spirituelle, nur ja nicht mit Ärger konfrontiert zu werden.

Andere flüchten sich in die Schulmeisterei. Sie erheben ihre Werte zu einer allgemeingültigen Ideologie, nur um nicht zu sich selbst stehen zu müssen. Floskeln wie »Man tut das so«, »Man muss…«, »Wer das nicht tut, erlebt negative Folgen« sind nichts anderes als ein weiterer Versuch, Begegnung zu vermeiden, indem man den anderen in Ideologien einhüllt, sich über den anderen stellt und behauptet, den Maßstab zu kennen, nach dem der andere handeln sollte.

Der Preis für den Versuch, Ärger zu vermeiden, ist hoch. Es ist ein ständiges Ausweichen vor dem Leben, wenn es darum geht, Farbe zu bekennen und zu sich selbst zu stehen. Farbe bekennen bedeutet nicht, jeden zwanghaft mit den eigenen Wahrheiten zu »beglücken«, sondern »nackt und ungeschützt«, mit nichts anderem als der eigenen Bewusstheit bekleidet, authentisch zu leben und sich dabei dem Risiko zu stellen, dass es Ärger gibt.

Was befürchten Sie im Falle von Ärger?

Unsere Angst vor Ärger ist meist instinktiv und unbewusst. Erst bei näherem Nachfragen erkennen wir, was wir im Falle von Ärger befürchten:

- Der Partner verlässt uns.
- Der Chef kündigt uns.
- Der Kollege schreit uns zusammen.
- Uns wird Liebe und Zuwendung entzogen usw.

In vielen Fällen verhindert die Sucht nach Harmonie die Bereitschaft zur Konfrontation des anderen mit der eigenen Stimmigkeit und damit auch mit unserer eigenen Kraft. Unsere größte Angst ist nicht die Angst vor etwas ganz Konkretem, das wir berechnen können. Unsere größte Angst ist, dass der andere in unsere eigenen Schwächen und Traumata hineinpikst und in uns Reaktionen auslöst, die wir nicht unter Kontrolle haben. Reaktionen, in denen wir uns entweder selbst zum Berserker entwickeln oder in denen wir heulend oder ohnmächtig in der Ecke stehen. Es ist die Angst, dass das Zerstörerische im anderen das Negative in uns anklickt. Und diese Angst ist uralt und weit verbreitet. Mit dieser Angst werden wir von anderen unter Kontrolle gehalten, und aus dieser Angst heraus versuchen wir selber auch immer wieder (vergeblich), die anderen unter Kontrolle zu halten.

Doch wenn wir tiefer schauen, erkennen wir *den,* der Angst hat. In Wahrheit sind es nämlich gar nicht wir, die Angst haben, sondern es ist unser Ego, unser kleines Ich. Und dahinter verbirgt sich letztendlich die Angst vor der eigenen Größe und die Weigerung des Ego, die Führung abzugeben an diese Instanz in uns, die wesentlich größer ist als unser kleines Ich, an unser »wahres Selbst«.

Fragen Sie sich doch einmal: »Wer ist es denn, der Angst vor Ärger hat?« Und lassen Sie diesen ängstlichen Teil liebevoll los. Lassen Sie stattdessen mehr und mehr Ihr wahres Selbst hervortreten. Dadurch können Sie dem Leben – und auch sich selbst – wesentlich authentischer und »echter« gegenüberstehen.

Tipp: Wann immer Sie spüren, dass Sie aus Angst vor Ärger nicht Sie selbst sind (gegenüber dem Partner, den Eltern, den Kindern, den Kollegen, den Kunden...), sollten Sie sich diese Angst ganz bewusst eingestehen und sie auflösen, indem Sie loslassen. Feind erkannt – Feind gebannt!

Warum bekommen Menschen Wutanfälle und machen Vorhaltungen?

Wutanfälle kennen wir aus dem Trotzalter. Statt das Leben zu akzeptieren, bekommt man einen Wutanfall. Es ist eine Reaktion, die bis in die Zellen hinein empfunden und als automatisches Programm gezündet wird, sobald der Wütende nicht bekommt, was er will.

Oft wird der Wutanfall auch mit einer Ideologie verbrämt: »Alle Menschen sollten ihre Wut zu jeder Zeit offen zeigen dürfen. Dann wäre unsere Welt ein besserer Ort!« In dem Fall wird die Unreife verkannt, die hinter dem Wutanfall steckt.

Der Psychologe Chuck Spezzano beschreibt die Hintergründe eines Wutanfalls wie folgt: »Ein Wutanfall ist ein Ort emotionaler Erpressung. Er ist eine ›Show‹, die wir (unbewusst) benutzen, um sowohl die Menschen in unserem Umfeld als auch uns selbst zu bestrafen. Er ist eine ungerechte Sanktion, und wir versuchen auf eine unreife Weise die Kontrolle zu erlangen. Weil wir Schmerzen erleiden, glauben wir jedoch, ein Recht dazu zu haben. Wir nehmen fälschlicherweise an, dass andere Menschen nur dazu da sind, sich um unsere Bedürfnisse zu kümmern. Damit ignorieren wir die Bedürfnisse anderer. Selbst wenn wir durch einen Wutanfall das bekommen, was wir wollen, führt die vorübergehende Befriedigung zum Selbstangriff. Ein Wütender versucht zu bekommen, kann jedoch nicht empfangen. Die *Geschichte des Wutanfalls* ist ein Versuch, die Menschen in unserer Umgebung, die Situation oder die Eine Kraft/ Gott zu kontrollieren. Dies tun wir, indem wir andere Menschen und uns selbst durch irgendeine Form emotionaler Erpressung bestrafen. Der Grund dafür ist unsere Angst vor dem, was uns am glücklichsten machen würde. Das führt dazu, dass wir insgeheim das fortstoßen, was wir brauchen, und gleichzeitig verzweifelt versuchen, es zu bekommen. Wir sind völlig blind dafür, dass wir uns selbst für das gegenwärtige Unglück entschieden haben. Wir gehen in die falsche Richtung, anstatt unserer Inspiration und Führung zu folgen, um den Weg in die Freiheit zu finden. Es ist ein Muster, das dich wahrscheinlich seit deiner Kindheit begleitet.«[6]

Wutanfälle machen den Wütenden nicht glücklich. Und sie schaden dem Wütenden mehr als dem, auf den die Wut gerichtet ist. Denn die zerstörerischen Gedanken passieren ja zuerst das Gehirn des Wütenden. Die Lösung für den Wütenden findet sich, wenn man dazu bereit ist:

»Du wirst einen Aspekt deiner selbst sehen, der dich in Versuchung bringt, dich selbst anzugreifen, was dazu führt, dass das Muster weiter besteht. Werde dir stattdessen deines Verhaltens als Muster gewahr und empfinde Mitgefühl für dich selbst. Deine alten Fehler, die dir emotionalen Schmerz bereitet haben, geben dir nicht das Recht, andere Menschen zu quälen oder anzugreifen. Wenn du deine Geschichte des Wutanfalls und ihre tief verankerten Muster erkennst, kannst du eine neue Entscheidung treffen, die lebensbejahend und transformierend ist. Diese Entscheidung wird die Menschen in deiner Umgebung segnen und transformieren. Der größte Schritt besteht darin, dir bewusst zu werden, dass du eine Geschichte wie diese hast, die deine Anziehungskraft in den Augen der Mitmenschen herabsetzt. Sei bereit, die Geschichte des Wutanfalls aufzugeben. Sie ist nicht das, was du wirklich willst. Du kannst eine neue Entscheidung treffen.«[7]

Die neue Entscheidung liegt darin, statt eines Wutanfalls Selbstliebe zu entwickeln und die eigenen Bedürfnisse und Gefühle so mitzuteilen, dass das Leben eine Chance hat, dir Erfüllung zu bereiten, beispielsweise mittels »gewaltfreier Kommunikation« und der später erwähnten TIP-Technik.

Wie Sie beim anderen die Wahrheit hinter dem Schein eines Wutanfalls erkennen

Wie wir bereits erkannt haben, kommen Wutanfälle aus der Ego-Ebene. Dahinter stecken Egoismus und Schmerz. Wir reagieren auf Wutanfälle meistens mit dem bereits erwähnten Kampf-und-Flucht-Syndrom. Entweder wir flüchten uns in das traumatisierte Kind, heulen und sind unendlich verletzt. Oder wir ziehen selber das Schwert aus der Scheide und zahlen es mit gleicher Münze heim, oftmals in doppeltem Ausmaß. Beide Reaktionen sind Ego-Reaktionen.

Wenn Sie als Ego auf einen Wutanfall antworten, wenn Sie beispielsweise aus der Konfrontation mit dem Wutanfall einen Machtkampf machen, ist bereits vorprogrammiert, dass es immer *zwei* Verlierer geben wird.

Wenn Sie den Machtkampf gewinnen und vielleicht noch den anderen dafür »bestrafen«, dass er Ihnen Ärger gemacht hat (durch Nichtbeachtung, Liebesentzug, Kritik Ihrerseits usw.), wird sich der andere gedemütigt fühlen, »dichtmachen« und vielleicht auf den Zeitpunkt warten, an dem er sich rächen kann.

Wenn Sie den Machtkampf verlieren, werden Sie äußerlich vielleicht den »Duckhansel« spielen und aus Angst vor Ärger tun, was von Ihnen verlangt wird. Aber in Ihrem Inneren fühlen Sie sich gedemütigt. Der Schmerz der erlittenen Niederlage nagt im eigenen Körper, man wird krank und sagt zum anderen: »Du machst mich krank!« Oder man wartet auf Genugtuung, sucht nach Schwächen beim anderen und steckt Grenzen ab, bis ein eiserner (und eisiger) Vorhang entsteht.

Die Wahrheit hinter dem Schein des Wutanfalls finden wir, wenn wir dem dahinterliegenden Schmerz und den unerfüllten Bedürfnissen des anderen auf die Spur kommen. Wenn es Ihnen gelingt, hinter die Maske des anderen zu schauen, werden Sie vieles über ihn erfahren.

Der andere wird Ihnen in der Regel dankbar sein, dass Sie ihm geholfen haben, über den Wutanfall hinaus in Kontakt mit den wahren Gefühlen und Bedürfnissen zu kommen, die sich hinter seinem Wutanfall versteckt haben. Er wird Ihnen dankbar sein, dass er sich mit aller Wut zeigen durfte, ohne dafür verurteilt oder gering geschätzt zu werden. Und Sie selbst werden Ihre eigene Stärke spüren, Wutanfällen und Negativprojektionen zu begegnen.

Dazu müssen Sie allerdings Ihrem eigenen Ego aus dem Weg gehen. Hier hilft insbesondere das eigene aufrichtige Bemühen um Stimmigkeit. Es ist eine gute Ressource in der Auseinandersetzung mit einem anderen Menschen, der seinen Ärger und seine Wut auf Sie projiziert. Warum ist das so?

Ärger-Projektionen sind immer Einladungen zu Egokämpfen und um das Bewusstsein einzuengen (sog. Tunnelblick). Wenn Sie aber angesichts eines Wutanfalls lernen, Ihr Bewusstsein zu erweitern, indem Sie bereit sind, den Schmerz und die Bedürfnisse des anderen hinter seiner Wut wahrzunehmen, bewirkt dies für *beide* eine komplette Öffnung und Transformation der Beziehung, nicht nur zum anderen, sondern auch zu sich selbst.

Was gewinnen Sie, wenn Sie sich Ihrer Angst vor Ärger stellen?

Es gibt viele Gegenstände des täglichen Gebrauchs, von denen wir lernen können. Eines davon ist das Zündholz. Von ihm lernen wir: »Ohne Reibung kein Feuer!« Die Bereitschaft, sich aneinander zu reiben, das heißt, unterschiedliche Meinungen, Standpunkte, Emotionen auszuhalten, bringt paradoxerweise mehr Nähe und Intimität mit sich, als wenn Sie diesen Herausforderungen ausweichen.

Ohne Reibung kein Wachstum! Bereits bei der Geburt erleben wir die Reibung in den Wehen. Man sagt, dass durch die Enge des Geburtskanals und die damit verbundene Reibung die Seele in den Körper einmassiert wird. Und im Liebesakt führt die Reibung letztendlich zur Zeugung.

Reibung ist also nicht negativ. Sie führt zu einer Übertragung. Wenn sich zum Beispiel ein rot gefärbtes und ein blau gefärbtes Teilchen aneinanderreiben, ist später ein wenig rote Farbe am blauen Teilchen und ein wenig blaue Farbe am roten Teilchen. Ähnlich ist es, wenn sich zwei Menschen verbal aneinanderreiben. Die Farbe, die hängen bleibt, ist hier die individuelle Wahrheit, die uns hilft, den anderen besser zu verstehen.

Schon Heraklit sagte: »Aus Zwietracht wächst Eintracht, aus Disharmonie höchste Harmonie!« – Wenn Sie Ihre Angst vor Ärger und damit auch die Scheinheiligkeit loslassen, werden Sie immer erfahrener darin, Konfrontationen und Auseinandersetzungen stimmig zu führen. Und durch die entstehende Reibung wird die hinter der oberflächlichen Scheinharmonie liegende wahre Harmonie hervortreten. Sie werden echter, authentischer, ehrlicher nicht nur im Leben mit dem anderen, sondern auch im Umgang mit sich selbst.

Tipp: Beobachten Sie sich tagsüber, und nehmen Sie Ihre Angst vor Ärger wahr, wann immer sie sich meldet. Bevor Sie automatisch auf diese Angst reagieren, halten Sie kurz inne und suchen und finden Sie für sich die bestmögliche Reaktion.

Lernen Sie »Harmonie im Konflikt«, und stellen Sie sich dem Wutanfall eines anderen Menschen, wenn es angebracht ist. Üben Sie sich darin, angesichts seines Wutanfalls weder zu dominieren noch sich zu unterwerfen, sondern die Energie der Verbundenheit zu halten. Dadurch erinnern Sie den anderen auch dann an seine Würde und Vollkommenheit, wenn er einmal ausrasten sollte.

> *Besser, man rauft sich zusammen,*
> *als man liebt sich auseinander.*

Welche Ressourcen haben Sie, um der Angst vor Ärger zu begegnen?

Wenn Sie mit Ihrer Angst vor Ärger konfrontiert werden, dann vergegenwärtigen Sie sich, dass Sie kein kleines Kind mehr sind, sondern über eine Menge Ressourcen verfügen, dieser Angst zu begegnen. Diese liegen in Ihren Stärken, zum Beispiel:

- Authentizität
- Bereitschaft zum Loslassen/zur Losgelöstheit
- Kontakt zum höheren Selbst
- Gabe, Angst in Mitgefühl zu verwandeln
- Klares Gefühl für das, was im Jetzt angemessen ist
- Holistisches Denken, das den Standpunkt des anderen ebenso respektiert wie den eigenen
- Klarheit
- Männliche/weibliche Kraft
- Meditation und Gebet
- Mitgefühl
- Werte, die Ihnen Rückgrat geben
- Zentriertheit

Zu sich selber stehen – auch wenn es Ärger gibt

Man kann die Menschen in zwei Gruppen einteilen: Die einen ärgern sich und haben damit Probleme. Die anderen haben *Angst vor Ärger.* Letztere versuchen aus dieser Angst heraus alles zu vermeiden, was zu Ärger, Konfrontationen, Kritik, Missbilligungen, Vorhaltungen oder Ähnlichem führen könnte. Sie bemühen sich zum Beispiel, bewusst »lieb zu sein«, es dem anderen recht zu machen, bis hin zur Selbstaufopferung (homöopathisch: Carcinosium). Dadurch wird der eigene Lebensspielraum stark eingeschränkt, die Betroffenen erkennen nicht, dass sie selbst es sind, die sich diese Einschränkungen auferlegen. Viele heucheln »um des lieben Friedens willen«, statt zu ihrer

Andersartigkeit und Eigenart zu stehen und damit auch zu den eigenen Lebenswerten und Sympathien.

Beispiel 23: Petra verehrt Papst Benedikt XVI. und ist von ihm seelisch tief berührt. Ihr Partner lehnt die katholische Kirche rundweg ab, er findet in der indischen Advaita-Lehre (der Lehre von der Nichtzweiheit) seine spirituellen Wurzeln. Wenn sich seine Frau im Fernsehen die Auftritte des Papstes anschaut oder gar in die Kirche geht, reagiert er mit Wutanfällen und beschimpft die Scheinheiligkeit der Katholiken.

Die Aufgabe für Petra liegt darin, zur eigenen Überzeugung zu stehen, ohne sie ihrem Partner aufzuzwingen. Zugleich ist es wichtig, dass Petra ihren Partner nicht verurteilt, weil er anderer Meinung ist. Wenn Petra einen Wallfahrtsort besuchen will, soll sie sich diese Freiheit nehmen und die Wutausbrüche ihres Partners und auch Negativprojektionen (zum Beispiel die spöttische Bemerkung »heilige Jungfrau«) riskieren. Ihr Partner gibt ihr lediglich die Chance, authentisch zu sein und zu lernen, wie man in einer konfliktreichen Situation gleichzeitig in Verbundenheit bleiben kann. Sie kann dann über ihre Beziehung sagen: »Wir sind zwar meistens verschiedener Meinung, aber wir lieben uns!«

Erkenntnis: In einer konfliktfähigen Beziehung können durchaus unterschiedliche Meinungen existieren. Das Verbindende innerhalb einer Beziehung finden wir auf einer anderen, tiefer liegenden Ebene.

Wenn sich jemand über Sie ärgert und Sie nicht mit Angst, sondern mit Mitgefühl reagieren, können eigentlich unange-

nehme Situationen die Nähe und Intimität zum anderen verbessern.

Beispiel 24: Anton ist berufstätig. In seiner wenigen Freizeit
hilft er einer körperbehinderten Bekannten bei der Wohnungs-
einrichtung und verrichtet gemeinnützige Arbeiten für seine
Gemeinde. Seiner Freundin missfällt dies, weil sie sich mehr gemeinsame Zeit mit Anton wünscht und zudem immer wieder
den Nachbarn für Heimarbeiten einspannen muss, um Antons
wertvolle Zeit nicht zu sehr zu beanspruchen. Als Anton eines
Abends von einer gemeinnützigen Arbeit heimkommt, emp-
fängt ihn seine Freundin mit einem Wutanfall: er habe eine
»komische« Beziehung zu der Bekannten... was ihm einfallen
würde, gemeinnützige Arbeiten zu verrichten, statt die Zeit mit
ihr zu verbringen.

Für Anton liegt die Aufgabe darin, zu seinem Engagement
zu stehen, aber zugleich den eigenen Standpunkt zu überden-
ken und dabei offenzubleiben für die eigenen Bedürfnisse wie
für die seiner Freundin. Wenn Anton aus Angst vor Ärger seine
Bekannte und die Gemeinde hängen ließe, würde sich ein still-
schweigender Groll aufbauen – gegen seine Freundin oder gegen sich selbst. Dieser Groll würde die Beziehung und auch die
Gesundheit belasten.

Wenn es den Werten und Überzeugungen von Anton entspricht, in seiner knappen Zeit selbstlos zu dienen, muss er dem
zumindest in einem gewissen Rahmen nachgehen. Er darf nicht
aus Angst vor Ärger seine Werte verraten. Zugleich braucht
er aber ein offenes Ohr für die Bedürfnisse und Gefühle seiner

Freundin. Er muss hören, was die Freundin ihm *günstigstenfalls* signalisieren will (dieses Thema werden wir in einem späteren Kapitel noch einmal anschneiden).

Der Grund ihres Zorns liegt möglicherweise darin, dass sie in der Beziehung mit Anton zu kurz kommt. Wenn es Anton gelingt, statt Angst Mitgefühl zu empfinden, wird er hinter dem Zorn seiner Freundin *ihren* Schmerz und *ihre* Bedürftigkeit wahrnehmen. Er wird nicht mit Ärger reagieren, sondern überlegen, was seine Freundin braucht und wie er dazu beitragen kann, dass sie an seiner Seite erfüllter leben kann. Er wird sich Gedanken machen, ob er sie in der letzten Zeit vernachlässigt hat, und einen Weg finden, sowohl seiner Beziehung als auch seinem Bedürfnis nach selbstlosem Dienen gleichermaßen gerecht zu werden.

Es geht also darum, das Stimmige zu tun und das Nicht-Stimmige zu vermeiden, auch wenn es Ärger gibt. Das kann auch bedeuten, ganz klar zu etwas »Nein« zu sagen, ohne dadurch die Empathie zu verlieren.

Beispiel 25: Sie sind auf einer Party und spüren, dass es Zeit ist, heimzugehen, weil am nächsten Tag ein anstrengender Arbeitstag auf Sie wartet. Ihr Freund, der Sie zur Party gefahren hat, möchte noch bleiben. Er wendet sich emotional gegen Sie: Sie seien ein Spielverderber und total unflexibel. In dem Fall sollten Sie zu sich stehen (Ihrer Gesundheit und Ihrem Beruf zuliebe), zugleich aber Verständnis dafür haben, dass Ihr Freund Sie nicht verstehen kann. Sie rufen ein Taxi und fahren nach Hause.

Wie Sie die Angst vor Ärger in Mitgefühl verwandeln

Ein sehr schönes Sinnbild für den Umgang mit der »Angst vor Ärger« findet sich im Tibetanischen Totenbuch (Bardo Thödol). Darin werden verschiedene Stationen beschrieben, durch welche der Sterbende nach dem Tod gehen muss. Um eine Wiedergeburt zu vermeiden, muss er in das gewaltige Ur-Licht der Wirklichkeit schauen, seiner Intensität standhalten und alle Erscheinungen als Projektionen des eigenen Geistes erkennen. Dabei wird der Betroffene mit einer Reihe von niederen Mächten konfrontiert, die ihn in einem dumpfen Licht angreifen oder dazu verlocken, die Aufmerksamkeit von dem strahlenden Licht abzuwenden. Zu diesen Mächten gehören die sogenannten »zornigen Gottheiten«.

Wir brauchen die zornigen Gottheiten nicht im Jenseits zu suchen. Sie existieren bereits hier auf Erden und wirken durch all die Menschen, vor deren Wutanfällen wir Angst haben, manchmal auch durch uns selbst, wenn wir einen Wutanfall haben. Wenn es uns also gelingt, unsere Angst vor Wutanfällen zu transformieren, müssen wir die zornigen Gottheiten wirklich nicht fürchten.

Das Bardo rät dazu, angesichts der zornigen Gottheiten alle Erscheinungen als Projektionen des eigenen Geistes zu erkennen und unverwandt auf das strahlende Ur-Licht zu blicken. Was bedeutet dies ganz konkret?

Es bedeutet, dass die Angst vor Ärger nichts anderes ist als Angst vor dem Licht, wir können auch sagen Angst vor der

Wahrheit, davor, dass wir selbst die Quelle unserer Wahrnehmung und unserer Lebensgestaltung sind. Die Angst, auch die Angst vor Ärger, hat eine merkwürdige Eigenschaft: Wenn wir vor ihr weglaufen, wird sie immer größer und mächtiger. Sobald wir uns aber umdrehen und uns ihr stellen, wird sie immer kleiner und schwächer, bis wir sie in den Griff bekommen können.

Chuck Spezzano schreibt über die Angst: »Die Erkenntnis, dass wir eine Geschichte der Angst leben, weist darauf hin, dass wir uns davor fürchten, erfolgreich zu sein. Wenn wir eine Geschichte der Angst leben, dann glauben wir, dass irgendetwas, das außerhalb von uns selbst liegt, uns Schaden zufügen kann. Dabei sind es allein unsere eigenen Entscheidungen, die uns Schaden zufügen können. Die Geschichte der Angst verbirgt in der Regel eine Situation, in der wir ein wahrer Held sein könnten. Als solcher könnten wir auf dem Weg vorangehen, und zwar nicht nur zu unserem eigenen Wohl, sondern auch zum Wohl vieler anderer Menschen.«[8]

Wenn Sie Angst vor Ärger haben, machen Sie sich bewusst, wem Sie wirklich verpflichtet sind. Nicht dem Ego, nicht den Launen des anderen, sondern Ihrem wahren Selbst und dem wahren Selbst im anderen – und der Wahrheit der Verbundenheit allen Lebens, zu der auch der andere gehört. Verpflichtet sind Sie auch der wechselseitigen »Erinnerung« an das, was in Ihnen und im anderen wahr und echt ist.

In dieser Erinnerung ist es Ihnen auch möglich, dem anderen das mitzuteilen, was aus Liebe und Mitgefühl mitgeteilt werden muss. Lassen Sie sich nicht aus Angst vor Ärger davon abhalten, auch eine unbequeme Wahrheit mitzuteilen, wenn es der Augenblick erfordert. Leben Sie Ihre Wahrheit, wo Sie dazu aufgefordert werden, auch dann, wenn Sie sich dafür Ärger einhandeln. Teilen Sie jedoch Ihre Wahrheit so liebevoll und einfühlsam wie möglich mit, und respektieren Sie den Standpunkt und die Bedürfnisse des anderen. Wählen Sie für kritische Themen einen guten Zeitpunkt, nicht aus Angst, gesteinigt zu werden, sondern aus Rücksicht auf den anderen.

Der Feind ist nicht der andere, dessen Wutanfall oder dessen Negativprojektionen Sie befürchten. Der gemeinsame Feind sind die negativen Gedanken: die eigenen und die des anderen. Machen Sie sich bewusst, dass derjenige, der wütend, zornig, projizierend ist, der Sie dominiert, vielleicht sogar terrorisiert, unter seinen eigenen negativen Gedanken genauso leidet wie Sie. Er hat nur bisher keine bessere Reaktionsweise gefunden, um seinen Schmerz abzuwehren. Doch Sie können ihm Chance sein, indem Sie ihn wieder an ihn selbst erinnern und an das, was er wirklich leben will. Sie können einander im Kampf gegen die negativen Gedanken helfen, indem Sie gemeinsam herausfinden, wie sich Gedanken der Angst und des Ärgers durch Gedanken der Liebe und des Mitgefühls ersetzen lassen.

Nehmen Sie eine Haltung von Furchtlosigkeit ein. Sie ermöglicht Ihnen das notwendige (das die Not wendende) Mitgefühl. Sie entdecken die Bedürftigkeit, den Schmerz des anderen hinter seinem Ärger, und nehmen diesen ernst. Der andere spürt, dass Sie keine Angst vor ihm haben, und zugleich Ihre Zuwendung. Dies schafft die Basis, um das Gemeinsame hinter dem Ärger zu entdecken – dass wir alle Menschen sind, die Gefühle und Bedürfnisse haben, dass wir alle zutiefst menschlich sind.

Mit Ihrer Haltung der Furchtlosigkeit ist die Macht mit Ihnen. Dann setzen Sie Ihre Macht für das gemeinsame Stimmige ein, für die »Wahrheit der Verbundenheit«, indem Sie Ihr Mitgefühl leben. Dies ist weise eingesetzte Macht.

Dort, wo negative Gedanken Ihre Furchtlosigkeit und Ihr Mitgefühl verhindern, bitten Sie Ihr höheres Selbst/Gott/die Eine Kraft um bessere Gedanken oder machen Sie Ärger-Tonglen (s. Seite 112).

Sie haben es nicht nötig, sich zu rechtfertigen!

Der »Rechtsverdreher« unterliegt einer irrigen Überzeugung: »Wenn ich mich rechtfertige und so den anderen ins Unrecht setze, nimmt der andere seine Kritik zurück, und mir geht es wieder gut.« Die Wahrheit ist: Wer sich rechtfertigt, verteidigt den Käse von gestern. Nur selten wird Ihnen der andere recht geben. In der Regel endet jede Rechtfertigung mit einem Streit. Bald traut sich keiner mehr, Ihnen die Wahrheit zu sagen, und Sie können keinem mehr vertrauen.

Oft ist eine Rechtfertigung schon deshalb sinnlos, weil beide aus ihrer Sicht recht haben: Die Beanstandung ist beim Rechtfertigen aus der Sicht des Kritikers berechtigt und aus der Sicht des Kritisierten unberechtigt. In solchen Fällen ist es sinnlos, den anderen überzeugen zu wollen. Sie können einfach sagen:

»Für mich ist es in Ordnung, wie ich mich verhalten habe, aber ich akzeptiere, dass du es nicht in Ordnung findest.« Seien Sie dankbar, wenn der andere Ihnen seine Gefühle und Gedanken offenbart, dann wissen Sie, woran Sie sind. Also: Rechtfertigen Sie sich bei Kritik nicht – fragen Sie besser:

- *Was tun wir jetzt?*
- *Wie hättest du es gerne?*
- *Wie machen wir es in Zukunft?*

Beispiel 26: Sie kommen zu spät zu einer Verabredung, und der andere ist sauer. Wenn Sie sich ausschweifend rechtfertigen – »Ich bin völlig gestresst! Ein Laster stand quer auf der Straße, dann standen hintereinander drei Ampeln auf Rot, schließlich war die Fahrbahn noch von einer Kuhherde blockiert...« – vermiesen Sie sich und dem anderen den Abend. Stehen Sie besser zu dem, was ist, und denken Sie konstruktiv: »Ich akzeptiere, dass Sie verärgert sind, und bedaure die Verspätung. Wie können wir die jetzt noch verbleibende Zeit optimal nutzen?«

> Wie macht man London zur saubersten Stadt der Welt?
> *Indem jeder vor seiner eigenen Türe kehrt.*

Das Maßregeln aufgeben

Der »Moralapostel« diskutiert darüber, was »man« tut, und glaubt, er sei das Urmeter der Schöpfung, er sei im Besitz der allgemeingültigen Wahrheit. Damit stellt er sich über den anderen, was Spannungen erzeugt. Außerdem unterliegt er dem Irrtum, es gebe eine Norm, nach der sich alle richten sollten, ob Mann oder Frau, alt oder jung, Single oder Ehepartner.

Die Wahrheit ist: Allgemeinplätze und Verallgemeinerungen töten jede zwischenmenschliche Begegnung. Außerdem sind Norm-Diskussionen reine Energieverschwendung. Weder können Sie den anderen überzeugen, noch kann der andere Sie überzeugen. Es gibt nämlich, unabhängig von den bürgerlichen Gesetzen, keine für alle gültige Norm. Wir alle sind so unterschiedlich wie die Schneeflocken. Es gibt so viele unterschiedliche Meinungen, wie es Menschen gibt. Eine Koexistenz von mehreren Milliarden Individuen ist deshalb nur möglich, wenn man die unterschiedlichsten Standpunkte akzeptiert.

Hören Sie deshalb auf, andere zu maßregeln (maßregeln = das Maß des anderen regeln) oder ändern zu wollen. Es klappt nicht bzw. erzeugt nur Spannung, Leid und Ärger. Sobald Sie das akzeptiert haben, fällt eine schwere Last (und viel Ärger) von Ihnen ab. Lassen Sie also Normen und Maßregelungen fallen.

Beispiel 27: Ihr Nachbar hört sehr laute Musik. Sie möchten Ihren Mittagsschlaf halten und können bei dem Lärm kein Auge zumachen. Wenn Sie klingeln und darüber diskutieren, wie »man«

sich als Hausbewohner verhalten sollte: »Nachbarn sollten eigentlich aufeinander Rücksicht nehmen. Dabei ist Ruhe oberstes Gebot. Wer laute Musik macht, beweist, dass er ein rücksichtsloser Mensch ist«, wird Ihr wirkliches Anliegen keinen Erfolg haben. Stattdessen sollten Sie Ihre Bedürfnisse und Gefühle mitteilen und diese mit einer klaren Bitte verbinden – frei von Allgemeinplätzen: »Ich möchte gerne meinen Mittagsschlaf halten und fühle mich dabei gestört, weil Ihre Musik in mein Zimmer dröhnt. Bitte stellen Sie die Musik etwas leiser.«

Gleichnis 5: Du hast angefangen! Nein, du!

Es war einmal ein blauer Kerl, der lebte an der Westseite eines Berges, wo die Sonne untergeht. Und an der Ostseite, wo die Sonne aufgeht, da lebte ein roter Kerl. Manchmal redeten die beiden Kerle durch ein Loch im Berg miteinander. Aber gesehen hatten sie sich noch nie.

Eines Abends rief der Blaue durch das Loch: »Siehst du, wie schön das ist? Die Sonne geht unter. Der Tag geht.« »Der Tag geht?«, rief der Rote zurück. »Du willst wohl sagen, dass die Nacht kommt, du Blödmann!« »Sag nicht Blödmann zu mir, du Holzkopf!«, fauchte der Blaue und war so sauer, dass er kaum schlafen konnte. Der rote Kerl ärgerte sich auch so sehr, dass er genauso schlecht schlief.

Am nächsten Morgen schrie der Blaue durch das Loch: »Wach auf, du Dummkopf, die Nacht geht!« »Erzähl keinen Quatsch, du Spatzenhirn!«, schrie der Rote. »Die Nacht geht doch nicht, der

Tag kommt.« Dann packte er einen Stein und warf ihn über den Berg. »*Daneben, du fetter Doofsack*«*, rief der blaue Kerl und warf einen größeren Stein zurück.*

Im Laufe der Zeit wurden die Steine immer größer und größer und die Schimpfworte immer schlimmer und schlimmer. Den beiden Kerlen machte das nichts, aber der Berg war bald in Stücke geschlagen. Eines Tages zerschmetterte ein Brocken den Rest ihrer Welt, ihres Berges – und die beiden Kerle sahen sich zum ersten Mal. Das geschah gerade, als die Sonne unterging. »*Unglaublich*«*, sagte der Blaue und ließ seinen Felsbrocken fallen.* »*Die Nacht kommt. Du hast recht gehabt.*« »*Toll*«*, staunte der Rote und ließ auch seinen Brocken fallen.* »*Du hast recht gehabt, der Tag geht.*« *Die beiden Kerle trafen sich in der Mitte der Verwüstung, die sie angerichtet hatten, und schauten zu, wie die Nacht kam und der Tag ging.* »*Das hat Spaß gemacht*«*, grinste der blaue Kerl.* »*Ja*«*, kicherte der rote Kerl.* »*Nur schade um den Berg. Möge es anderen Kerlen eine Warnung sein.*« [9]

Wie Sie aus jeder Kritik gestärkt hervorgehen

Es gibt eine Methode, mit Kritik so umzugehen, dass Sie aus jedem Gespräch *gestärkt* hervorgehen – die »drei goldenen Schlüssel für den Umgang mit Kritik«:

1. Lob oder Kritik verändern nicht die Wirklichkeit.
2. Prüfen Sie, ob die Kritik sachlich berechtigt ist.
3. Tun Sie, was zu tun ist, und lassen Sie innerlich los, was gewesen ist.

Lob oder Kritik verändern nicht die Wirklichkeit

Kritik ist nur die Meinung eines anderen, und die kann richtig oder falsch sein. Galilei war Naturwissenschaftler, und er fand heraus, dass sich die Erde um die Sonne dreht und nicht umgekehrt, wie man bis dahin angenommen hatte. Er wurde vor die Wahl gestellt, zu sterben oder seine Entdeckung zu widerrufen. Galilei entschied sich für das Leben, aber auf dem Sterbebett bekannte er: »Und sie bewegt sich doch.«

Die Erde interessiert es nicht, ob die Menschen *meinen,* sie bewege sich. Der Wirklichkeit ist gleich, ob wir an sie glauben oder nicht. Die Wirklichkeit heißt Wirklichkeit, weil sie wirkt. Ihr ist es egal, ob Sie sie mögen oder nicht. Lob und Kritik verändern nicht die Wirklichkeit. Lob und Kritik machen Sie weder besser noch schlechter, als Sie wirklich sind. Wenn die ganze Welt zu Ihnen »hurra« schreit, werden *Sie* durch diese Bestätigung nicht besser. Und wenn die ganze Welt »pfui« schreit, werden *Sie* durch diese Kritik nicht schlechter. Am Palmsonntag feierten die Massen Jesus, und nur wenige Tage später schrien sie: »Ans Kreuz mit ihm.«

Vielleicht sind Sie als Kind kritisiert worden mit dem Argument: »Was sollen denn die anderen von dir denken?« Na ja, irgendetwas werden sie schon von Ihnen denken – aber wollen Sie sich davon abhängig machen? Erlauben Sie dem anderen, Sie zu mögen oder auch nicht. Machen Sie Ihr Glücksgefühl nicht davon abhängig, ob der andere Sie gut findet.

Hören Sie auch auf, die Meinungen anderer ungefiltert zu übernehmen oder ihnen aus Angst vor Kritik schönzutun. Die anderen haben nämlich keine Ahnung, ob ihre eigenen Maß-stäbe auch für Ihr Leben richtig sind. Warum? Weil sie anders programmiert sind, andere Lebensprioritäten haben, anders geworden sind, andere Beweggründe, Motive und Werte haben als Sie. Fragen Sie sich (Ihr Selbst), was Sie tun sollen, und Sie leben mit ehrlichem Herzen, in Kontakt mit Ihrem inneren Gewissen, aber äußerlich in »märchenhafter Freiheit«.

> *Ist das Image erst mal flöten,*
> *lebt man, ohne zu erröten.*

Prüfen Sie, ob die Kritik sachlich berechtigt ist

Vergessen Sie alle psychologischen Bewertungen, die im Zusammenhang mit Kritik möglicherweise in Ihnen auftauchen, zum Beispiel: »Ich bin nicht in Ordnung«, »Ich bin minderwertig«, »Man mag mich nicht«. Vergessen Sie sie einfach! Niemand weiß, wie Sie wirklich sind. Bezieht sich die Kritik auf ein Verhalten, gilt es, genau dieses nach eigenen Maßstäben zu prüfen.

Trennen Sie die Botschaft vom Botschafter. Schließlich ist es egal, *wer* die Kritik vorbringt, denn: Eine Wahrheit bleibt eine Wahrheit, auch wenn sie ein Betrunkener ausspricht. Eine Lüge bleibt eine Lüge, auch wenn sie von einem Gelehrten ausgesprochen wird. Eine Kritik, die von einem Feind kommt, kann hilfreich sein, da sie zu einer Verbesserung anregt. Und ein Lob von einem Freund kann kontraproduktiv sein, wenn es nicht ehrlich gemeint ist.

Schauen Sie auch nicht auf die Form der Kritik. Sie ist eine Frage der Erziehung des anderen – damit haben Sie nichts zu tun. Ist der andere unhöflich, sagt beispielsweise: »Sie Idiot«, dann halten Sie sich vor Augen: *Sie* sind gar nicht gemeint. Der andere hat *sich* gemeint. Ein altes Kinderwort sagt: »Was man sagt, das ist man selber.« Die Form der Kritik sagt wenig über den Kritisierten, aber sehr viel über den Kritisierenden aus.

Prüfen Sie also, ob die Kritik *sachlich* berechtigt ist. Ist das der Fall, können Sie dem anderen dankbar sein, denn er hat Ihnen einen wertvollen Tipp gegeben. Ist die Kritik sachlich nicht berechtigt, hat sich der andere einfach nur geirrt, und jeder Mensch hat das Recht, sich zu irren. In diesem Fall können Sie dem anderen auch dankbar sein, denn er hat Ihnen geholfen, Sie in Ihrer Meinung zu festigen.

Tun Sie, was zu tun ist, und lassen Sie innerlich los, was gewesen ist

Entscheiden Sie nach eigenen Werten, ob Sie der Kritik folgen oder nicht. Nachdem Sie sich entschieden haben, sollten Sie nicht mehr über die Kritik nachdenken. Folgen Sie der Kritik oder folgen Sie ihr nicht, aber lassen Sie dann los, was gewesen ist. Wenden Sie sich neuen Aufgaben zu.

Beispiel 28: Sie sind Journalist. In einem Restaurant sitzt an Ihrem Tisch ein Bekannter, der eine Zeitung liest. Plötzlich sagt er zu Ihnen: »Schauen Sie sich mal diese Tintenkleckserei an, die dieser Journalist wieder verbrochen hat.« Wenn Sie jetzt denken: »Jeder Journalist ist ein Tintenkleckser. Ich bin Journalist, also bin ich ein Idiot. Genau das hat mein Vater damals zu mir gesagt. Und mein Lehrer, den ich sowieso nicht leiden konnte. Na warte, dem zeig ich es!«, kann es sein, dass Sie einen Mordskrach vom Zaun brechen. Wenn Sie allerdings bewusst und mitfühlend sind, erkennen Sie: *Der andere* hat mit einem Artikel, den zufällig irgendein Kollege geschrieben hat, Schwierigkeiten und scheint eine persönliche Erfahrung zu verallgemeinern. Sie fragen ganz sachlich: »Ich kenne den Artikel nicht, aber wie hätte er denn Ihrer Meinung nach verfasst werden sollen?«

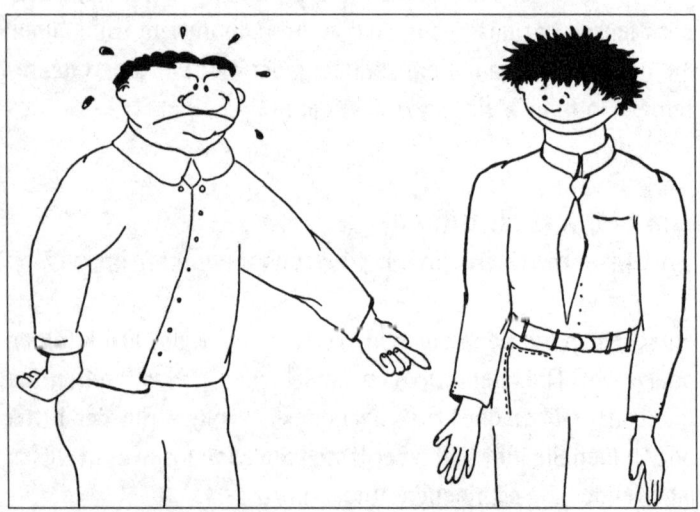

Ich prüfe jedes Mal neu,
was im Jetzt für mich stimmt

Oft wird man kritisiert, weil man unberechenbar ist und für andere nicht kalkulierbar. Machen Sie sich deshalb keine Sorgen: Jeder einigermaßen bewusste Mensch ist gelegentlich unberechenbar, denn das Leben selbst ist es auch. Es geht nicht darum, die Projektionen, Kalküle, Berechnungen und Erwartungen anderer zu erfüllen.

Viele Menschen verketten sich gegenseitig in feste Zusagen, Tabus und Moral. Sie halten andere an dieser Kette und lassen ihrerseits zu, dass andere sie an dieser Kette festhalten. Jeder passt auf, dass der andere sich nicht zu viel Freiheit herausnimmt – statt sich gegenseitig so viel Freiheit wie möglich zu lassen. Angenehmer ist es, wenn Sie anderen viel Freiheit lassen, aber diese auch für sich selbst beanspruchen. Stimmigkeit sollte Ihr Maßstab sein, und bewusst gelebte Stimmigkeit lebt natürlich verantwortungsbewusst, erfasst stets das Ganze, aber lässt sich nicht einsperren. Gönnen Sie sich ruhig »märchenhafte Freiheit« – Sie befreien dadurch auch andere aus ihren »Maulwurfshügeln«.

Freiheit im Jetzt kollidiert gelegentlich mit getroffenen Vereinbarungen, die natürlich auch in Ihre Erwägungen einbezogen werden müssen. Geben Sie deshalb Ihr Versprechen nur dann, wenn Sie sicher sind, es auch einzuhalten. Wenn Sie einmal Ihr Wort gegeben haben, dann tun Sie auch einiges dafür, damit Sie es einhalten können, lassen Sie also keine billigen Ausreden gelten.

Gleichnis 6: Die Geschichte mit dem Hammer

Ein Mann will ein Bild aufhängen. Den Nagel hat er, aber nicht den Hammer. Also beschließt unser Mann, zum Nachbarn rüberzugehen, um sich von ihm einen Hammer zu borgen. Auf dem Weg zum Nachbarn kommen ihm allerdings Zweifel: »Was, wenn der Nachbar mir den Hammer nicht leihen will? Gestern hat er mich nur so flüchtig gegrüßt – vielleicht hat er etwas gegen mich? Aber was soll ich ihm getan haben? Wenn sich von mir jemand einen Hammer leihen wollte, ich gäbe ihn ihm sofort – warum er nicht? Wie kann man einem Mann einen so einfachen Wunsch abschlagen. Eine Rücksichtslosigkeit ist das.« Und während er so vor sich hin sinniert, kommt er beim Nachbarn an, läutet, doch bevor der Nachbar etwas sagen kann, faucht er ihn an: »Behalten Sie doch Ihren Hammer, Sie Rüpel.« [10]

Wie Sie »gegnerische« Energie in positive Energie umwandeln

Den Chinesen haben wir die alte taoistische Bewegungsmeditation und Kampfsportart »Aikido« zu verdanken. Ihr liegt der Grundsatz zugrunde, dass Sie jede Energie für sich nutzen können, egal, ob sie von einem Freund kommt oder von einem Feind. Im Klartext: Richtet ein Gegner in einer Konfrontation ein Energiepotenzial von 9 gegen Sie, und Sie haben ein Energiepotenzial von 1, überwinden Sie den Gegner mit der Kraft 9 + 1 = 10.

Wie können Sie das Gesetz des »Aikido« im Konfliktfall nutzen? Der erste Schritt ist, sich in Konfrontationen bewusst zu machen, dass das im Gegner ablaufende Negative *dessen* »Programm« ist und mit Ihnen nichts zu tun hat. Jeder andere, der die gleichen »Knöpfe drückt«, würde bei ihm das gleiche Verhalten auslösen. Also: Hören Sie auf, die Reaktionen der anderen auf sich zu projizieren. Halten Sie sich aus dem Spiel. Um Sie geht es gar nicht. Sie sind gar nicht gemeint!

Sobald Sie das erkannt haben, gehen Sie den zweiten Schritt: Unterscheiden Sie die Energie der anderen nicht mehr nach »feindlich« und »freundlich«. Energie ist Energie, genauso wie Licht Licht ist. Ab sofort unterscheiden Sie Energie nur noch nach viel Energie und wenig Energie. Sie ändern also Ihre Unterscheidungskriterien.

Das ist etwa so, als würden Sie Socken und Unterhosen aus einer Schublade auf einen Haufen werfen und neu sortieren: In die eine Schublade Socken und Krawatten, in die andere Unterhemden und Unterhosen. Oder ein anderes Beispiel: Früher waren Sie Vermögensberater und haben Ihre Kunden in reich und arm unterschieden. Heute sind Sie Lebensberater und unterscheiden die Menschen nach solchen, die an sich arbeiten, und solchen, die nicht an sich arbeiten möchten.

Sobald Sie Energie nicht mehr nach »feindlich« und »freundlich« unterscheiden, können »Attacken« sogar Energiegeschenke des Lebens sein. Um dies so zu empfinden, braucht es sicherlich einige Meisterschaft, doch probieren Sie es einmal aus: Denken Sie bei einer Attacke: »Der gibt mir juice« (juice = engl. Saft, Lebenssaft).

Irgendjemand hat einmal gesagt: Schlechter Ruf ist guter Ruf! Das bedeutet, dass Sie auch bei negativer Projektion energetisiert sind. Möglicherweise will Ihnen der andere mit seiner Energie schaden – aber was geht Sie das an? Bauen Sie sich ein schönes Haus aus den Steinen, die der andere Ihnen in den Weg legt.

Eine Bitte: Freuen Sie sich über den »juice«, aber geben Sie nur dann etwas zurück, wenn es für den anderen hilfreich ist. Im Idealfall geben Sie Ihre Energie möglichst *liebevoll* weiter, doch bevor Sie heucheln, dürfen Sie sich auch zurückziehen.

Noch ein paar Worte zu »Der gibt mir juice«: Die Energie des anderen können Sie natürlich dazu nutzen, einen mit der Konfrontation zusammenhängenden eventuellen Mangel zu beseitigen, indem Sie beispielsweise etwas in Ordnung bringen, was zu Recht kritisiert wurde. Hinter jedem Schlechten steckt etwas Gutes, hinter jeder Konfrontation eine Chance. Wenn der Partner tobt, weil er zu wenig Intimität und Nähe bekommt, kön-

nen Sie genau diese Energie nutzen, um Intimität und Nähe zu schaffen, indem Sie ihn annehmen, wie er ist. Es ist immer eine Frage der Geschicklichkeit, wie Sie die Energie umwandeln.

Es gibt jedoch eine höhere, umfassendere Energiequelle, die aus Ihrem wahren Selbst stammt. Diese verfügt über höchste Reinheit, Kraft und Qualität. Je mehr Sie damit in Kontakt sind, umso weniger abhängig ist Ihr Energieniveau von Projektionen.

Ich bin ein geistiges Kraftwerk durch »Lebens-Tai-Chi«

Stellen Sie sich vor, Sie wären mit einem Energievorrat von 10 000 Energieeinheiten auf die Welt gekommen. Wenn Sie nun täglich etwa 100 Einheiten Lebenskraft durch Atmen, Ernährung und positive Gedanken aufnehmen, durch Ärger und Konfrontationen aber 125 Einheiten pro Tag wieder abgeben, müssen Sie ständig Ihr Kapital angreifen, indem Sie Vitalität von Ihrem Vorrat borgen. Dies führt mit der Zeit zu geistiger und körperlicher Erschöpfung und zu vorzeitigem Altern.

Wenn Sie »Lebens-Tai-Chi« üben, das heißt, *jede* Energie für sich nutzen, nehmen Sie täglich 100 Einheiten an Atem, Ernährung und positiven Gedanken auf und bereichern sich zusätzlich um 125 Einheiten, statt sie wie bisher in Form von Ärger und negativ verlaufenden Konfrontationen auszugeben. Sie erhalten also einen Zugewinn von 225 Vitalitätseinheiten pro Tag und entwickeln sich zu einem »geistigen Kraftwerk«.

Ärger-Tonglen und Angst-vor-Ärger-Tonglen

Ärger-Tonglen ist eine schnell wirksame Methode, um negative Energie in positive Energie umzuwandeln. Der Begriff »Tonglen« stammt aus Tibet und bezeichnet die Praxis des Gebens und des Nehmens. Eine vergleichbare Analogie findet sich in einem indischen Sprichwort: »Sei wie die Kokosnuss: Wirft jemand einen Stein nach dir, gib ihm eine köstliche Frucht!« Auch im »Handbuch der weißen Magie« von A. A. Bailey wird empfohlen, die negative Gedankenprojektion eines anderen nicht nur zu löschen, sondern einen positiven Gedanken zurückzugeben.

Wie funktioniert nun das Tonglen? Tonglen geht davon aus, dass Sie selbst in der Lage sind, Energien jeder Art umzuwandeln, sobald Sie sich daran erinnern, wer Sie wirklich sind. Darum ist der erste Schritt beim Tonglen die Selbsterinnerung, im Tibetischen »das Aufblitzen von Alaya« genannt. Alaya ist dabei die Erfahrung der Selbsterkenntnis, der Satori, der erleuchtete Raum jenseits der Grenzen des Verstandes.

Im zweiten Schritt empfiehlt Tonglen, die negative Energie einzuatmen. Dabei ist es egal, ob es sich um die negative Energie des anderen handelt oder um Ihre eigene (falls Sie selbst einmal verärgert oder schlecht gelaunt sind). Beim Ausatmen atmen Sie die eigene, positive Energie aus Ihrem Inneren in die Welt hinaus.

Im abschließenden Schritt erinnern Sie sich wieder daran, wer Sie wirklich sind, ruhen in der reinen, wertfreien Wahrnehmung dessen, »was ist«.

Vielleicht denken Sie, dass es ein schlechter Tausch sei, das Negative ein- und das Positive auszuatmen, als ob man seine Goldstücke gegen wertlose Pflastersteine tauschen würde. Doch dem ist nicht so.

Als Ego und aus niederen Beweggründen wird Tonglen nicht funktionieren. Wenn Sie sich aber Ihrer erleuchteten Natur bewusst sind, erhalten Sie mit Tonglen, insbesondere mit Ärger-Tonglen, einen Schlüssel zu Ihrer eigenen Befreiung. Warum? Weil die Bereitschaft, Tonglen anzuwenden, Sie bereits vom Ego zum Selbst verwandelt.

Jede negative Energie bezieht ihre Macht aus Ihrem Widerstand. Wenn Sie sich Ihrer wahren Natur bewusst sind, haben Sie einen Raum in sich, in den Sie den Ärger ablegen können. Sie spüren, dass der Ärger nicht als negative Energie in Ihnen kleben bleibt, sondern versickert. Indem Sie den Ärger einatmen und damit annehmen, öffnet sich Ihr Mitgefühl. Sie entdecken Ihre innere »Quelle«, aus der Sie sich und andere speisen können. Sie lassen Ihren Widerstand los und verwandeln die (Ihre) Welt ins Positive.

Tonglen im Falle von Ärger kurz zusammengefasst:
1. Machen Sie sich Ihre wahre Natur bewusst. Erinnern Sie sich an eine Erfahrung von Erhabenheit, Erwachen, Erleuchtung, des Aufblitzens von Alaya.
2. Atmen Sie den Ärger, den Sie spüren, ein, und atmen Sie Frieden aus.
3. Machen Sie sich Ihre wahre Natur bewusst.

Wenn Sie Angst vor Ärger haben, stellen Sie sich dieser Angst, und verfahren Sie wie folgt:
1. Machen Sie sich Ihre wahre Natur bewusst.
2. Atmen Sie die Angst vor Ärger, die Sie spüren, ein, und atmen Sie Ihr Mitgefühl mit dem Menschen, vor dem Sie Angst haben, aus. Alternativ können Sie die Lösung, Inspiration oder eine ähnliche Qualität ausatmen.
3. Machen Sie sich Ihre wahre Natur bewusst.

Wenn Sie mit der praktischen Anwendung von Tonglen Schwierigkeiten haben, empfiehlt sich das Studium entsprechender Fachliteratur und gegebenenfalls der Besuch einer Tonglen-Einweihung bei einem ordinierten Tonglen-Lehrer.[11]

Gleichnis 7: Das Traumfresserchen

In Schlummerland ist für alle Leute das Schlafen am wichtigsten. Dabei kommt es nicht so sehr darauf an, wie viel oder wie lange einer schlafen kann, sondern wie gut. In Schlummerland gab es eine Prinzessin, die fürchtete sich vorm Einschlafen, weil sie immer so böse Träume hatte. Der König ging besorgt um die ganze Welt und suchte nach einem Mittel gegen böse Träume.

In einer verzweifelten Nacht sah er auf einer Heide ein Stück Mondlicht funkeln, und als er näher kam, bemerkte er, dass dieses Stück Mondlicht Arme und Beine hatte und einen Kopf voller Stacheln wie ein Igel. »Ich habe mich verirrt«, sagte der König, »bitte sag mir, wie ich wieder aus dieser Heide herausfinde.« »Hier findet niemand heraus«, antwortete das Männchen, »außer mit mir gemeinsam. Und ich kann nur fort, wenn man mich zum Essen einlädt.« »Was isst du denn?«, fragte der König. »Ich fresse Träume«, sagte das Traumfresserchen, »je böser, desto lieber, und je mehr, desto besser.« »Und all die schönen Träume?«, fragte der König. »Die mag ich nicht«, sagte das Traumfresserchen, »weißt du nicht, dass Igel am liebsten Schlangen und Schnecken fressen? Ich bin sozusagen ein Traumigel.« »Aber warum kommst du nicht und holst dir die Träume?«, fragte der König. »Ich kann nur kommen, wenn man mich einlädt! Und ich nehme nur, was man mir schenkt.«

Flugs begaben sie sich zur kleinen Prinzessin und fielen sich alle drei vor Freude in die Arme und waren glücklich ein Leben lang. [12]

Seien auch Sie ein »Traumfresserchen« – lernen Sie, negative Energie zu transformieren, und üben Sie sich in »Allltags-Tai-Chi«!

Ich teile Kritik und Gefühle mit – aber konstruktiv

Oft ärgert man sich, weil man sich unverstanden fühlt. Dagegen gibt es nur ein Heilmittel: sich mitteilen! Warum fällt es einem so schwer, sich mitzuteilen? Weil man Angst vor der Reaktion des anderen hat. Der Preis dafür ist hoch: Man tauscht jahrelangen Frust und Ärger gegen das Risiko, dass der andere einmal explodieren, beleidigt oder enttäuscht sein könnte. Ihre Zurückhaltung ist ohnehin nur ein Aufschieben, denn wer dazu neigt, zu explodieren, beleidigt oder enttäuscht zu sein, wird immer wieder explodieren, beleidigt oder enttäuscht sein. Es ist also nur eine Frage der Zeit.

Inzwischen wissen Sie, dass Sie mit den Reaktionen der anderen nichts zu tun haben, und können daraus die Kraft schöpfen, sich mitzuteilen (miteinander teilen). Dann weiß der andere, wo Sie stehen, und Sie müssen sich nicht den Vorwurf machen, etwas zurückgehalten zu haben. Darüber hinaus bieten Sie dem anderen die Chance, einen positiven Beitrag zu leisten.

Also: Sagen Sie, was Sie empfinden und – vor allem – was Sie brauchen. Falsche Zurückhaltung geht auf Kosten der eigenen Gesundheit und des eigenen Wohlbefindens. Verleihen Sie Ihren Empfindungen, Wahrnehmungen und Bedürfnissen Ausdruck, aber schlagen Sie dem anderen diese Gefühle nicht wie einen nassen Lappen um die Ohren, sondern halten Sie ihm diese hin wie einen Mantel, in den er hineinschlüpfen kann. Verwahren Sie sich mutig, souverän und möglichst frei von Ärger gegen Eingriffe in Ihre Freiheit.

Ein alter Zen-Spruch lautet: »Nimm dich wichtig, ohne dich wichtig zu nehmen.« Haben Sie den Mut, zu sich zu stehen! Teilen Sie Ihre Empfindungen, Wahrnehmungen, Wünsche, Bedürfnisse mit – aber rechnen Sie nicht damit, verstanden zu werden. Beschwören Sie nichts herauf, kneifen Sie aber auch nicht. Dann machen Sie mit Ihrer Mitteilung ein Geschenk. Erwarten Sie aber nicht, dass die anderen es auch annehmen.

Wenn Sie kritisieren, behandeln Sie den anderen immer mit Respekt, denn wer sich beschwert, »be-schwert« sich nur selbst. Vor allem wenn Sie Konflikte zu Drittpersonen tragen, also hinter dem Rücken des anderen negativ reden, können Sie eine unheilvolle Lawine auslösen.

Halten Sie sich zurück, wenn Meinungen und Normen bis zum Erbrechen diskutiert werden. Hüten Sie sich davor, Ratschläge zu geben, die Sie selbst nicht befolgen. Wenn Sie Kritik äußern, dann achten Sie darauf, dass Sie den anderen nicht niedermachen, sondern konzentrieren Sie sich auf Ihre Beobachtung, auf die Handlung des anderen, und teilen Sie mit, welches Verhalten Sie sich wünschen.

Kritisieren Sie immer nur die Tat, nie den ganzen Menschen. Zwingen Sie den anderen also nie in eine Schablone, sondern versetzen Sie sich jedes Mal aufs Neue in seine Lage, da Sie ihn sonst gedanklich in einer Negativprojektion festhalten, aus der er schlecht herauskommt. Nehmen Sie jedes Mal neu Maß, wenn Sie einem Menschen wieder begegnen, und entlassen Sie ihn aus Negativprojektionen, die aus der Vergangenheit stammen.

Beispiel 29: Sie sind beim Zahnarzt. Der Zahnarzt lässt die Behandlung von seiner Assistentin durchführen. Die Assistentin macht ihre Arbeit miserabel und versucht noch dazu, Sie herumzukommandieren. Nach der Behandlung kommt der Zahnarzt und fragt: »Na, wie war's?« Wenn Sie kleinlaut antworten: »Ja, es geht schon wieder«, verraten Sie sich selbst. Sinnvoller ist es, mutig die Wahrheit zu sagen: »Ich habe dieses und jenes (genau beschreiben) erlebt und möchte in Zukunft von Ihnen persönlich behandelt werden.« Falls die Assistentin Sie hinterher »anmotzt«, antworten Sie souverän: »Ich habe nichts gegen Sie als Person, aber ich muss Ihnen sagen, dass mir Ihre Behandlung nicht gefallen hat. Es wäre toll, wenn Sie die Courage hätten, sich von Ihrem Chef zeigen zu lassen, wie man es macht.« Damit versuchen Sie, der Zahnarztassistentin eine Lernchance zu geben – und Hunderte von späteren Patienten werden Ihnen dankbar sein ...

Ein bewusster Mensch wird es akzeptieren, kritisiert zu werden – wenn nicht, können Sie ihm Ja dieses Buch empfehlen.

Seien Sie mit Ihrer Kritik kein Richter, sondern ein »Aufrichter«. »Andere zu erheben, ist der einfachste Weg, von anderen erhoben zu werden.« (Freie Übersetzung des Zitats von Dr. Joseph Murphy: »To be a lifter is the easiest way to be lifted«.)

»Der einzige Mensch, der sich vernünftig verhält,
ist mein Schneider.
Er nimmt jedes Mal neu Maß, wenn er mich sieht.«
Ernest Hemingway

Vermeiden Sie negative Gespräche, Tratsch und Klatsch

Oft ärgert man sich, weil andere so negativ reden. Der Grund des Ärgers ist jedoch nicht in der Negativität begründet, sondern in Ihrem eigenen Engagement. Die Kunst ist, negativen Gesprächen aus dem Weg zu gehen. Das bedeutet im Klartext: Wenn der andere Sie in eine destruktive Diskussion verwickeln will, sollten Sie nicht sofort antworten und blind reagieren. Sonst besteht die Gefahr, schnell in kopflastiger, zeit- und kraftraubender Rechthaberei zu landen.

Gehen Sie erst einmal in sich und spüren Sie, ob es überhaupt angebracht ist, etwas zu sagen. Der andere darf so negativ sein, wie er will, Sie müssen darauf nicht einsteigen. Wenn beispielsweise der andere über die Regierung, über den Papst, eine Partei oder einen scheinheiligen Guru schimpft, und Sie merken schon, dass das nur zu fruchtlosen stundenlangen Diskussionen führt, vermeiden Sie es, darauf einzugehen. Sagen Sie lieber: »Ich halte mich da heraus!« Oder: »Ich interessiere mich nicht für Politik!« Oder: »Ich bin gekommen um dich zu sehen, ich möchte mehr darüber erfahren, wie es *dir* geht!«

Vielleicht gelingt es, den anderen zu verstehen und menschliche Wärme zu spüren. Welche versteckten Bedürfnisse stecken dahinter, dass der andere sich so ereifert? Möchte er anerkannt werden als jemand, der sich mit den Dingen beschäftigt?

Wie wir bereits erkannt haben, schlagen Sie dem anderen Ihren Standpunkt nicht wie einen nassen Lappen um die Ohren, sondern halten ihn hin wie einen Mantel, in den er hineinschlüpfen kann. Und wenn Sie spüren, der andere ist für Ihren Standpunkt nicht offen, lassen Sie es – es gibt Wichtigeres im Leben als Rechthaberei.

Beispiel 30: Ein Freund sagt zu Ihnen: »Hast du schon gehört? Unser Dozent hat das ganze Seminar über nur mit Petra geflirtet, anstatt sich um die anderen Teilnehmer zu kümmern – und das soll ein Vorbild sein, ich finde ...« Eine gute Antwort wäre vielleicht: »Ich weiß nicht, was der Dozent tun sollte, und es ist auch nicht meine Angelegenheit. Ich wäre mehr daran interessiert, was von dem heute unterrichteten Stoff für uns wirklich wertvoll ist und umgesetzt werden kann.«

Bevor und während Sie sprechen, prüfen Sie immer wieder:

- *Als was spreche ich?* Als trotziges Kind, Bewerter, Verstand – oder zum Beispiel als stimmige, liebevolle Bewusstheit?
- *Warum spreche ich?* Will ich nur meinen Frust loswerden, mich über andere erheben – oder möchte ich etwas Verbindendes, Konstruktives ausdrücken? Es ist sinnvoll, die eigenen Gefühle und Gedanken vorab zu klären, zum Beispiel durch Meditation, bevor unsortierte Gedanken in die Welt entlas-

sen werden. Bevor Sie sprechen, stellen Sie die »geistige Umweltverschmutzung« ab, bei der jeder jedem alles um die Ohren haut.

- *Wofür spreche ich?* Spreche ich (unbewusst) für Trennung, Abspaltung, Bewertung, Neurose, Krieg – oder für Stimmigkeit, Suche nach Lösung, Heilung?

- *Wie spreche ich?* Spreche ich destruktiv, zerstörerisch, verwirrend – oder konstruktiv, aufbauend, klärend? Manche Menschen meinen, sie könnten in jedem Augenblick so sprechen, wie ihnen zumute ist – und wundern sich, wenn sie die Folgen ihrer Worte ausbaden müssen. Sie sollten mit dem anderen stets so sprechen, wie Sie wünschen, dass mit Ihnen gesprochen wird. Am besten sprechen Sie in dem Bewusstsein, dass Sie von dem anderen nicht getrennt sind, dass Sie in Wahrheit eins sind, so als würden Sie zu sich selbst sprechen.

Fragen Sie sich bei dem, was Sie sagen, auch:
- *Ist es für den anderen bestimmt?* Wenn ich einem Dritten erzähle, wie schlimm mein Partner oder auch der Regierungschef ist, muss ich mich fragen: »Ist es *das*, was ich mit dem anderen zu teilen habe? Gibt es nicht etwas Wertvolleres, das die Beziehung zwischen ihm und mir ausmacht?«

- *Ist es wahr?* Warum lügen Menschen? Weil sie die Welt durch den Filter ihrer Vorstellungen erleben und diese Vorstellungen weitergeben wollen. Wir wollen nicht weitergeben, wie die Dinge sind, sondern wie wir sie emotional und mental erleben. Und darum verzerren wir, übertreiben wir, diskriminie-

121

ren wir. Es ist hilfreich, wenn wir uns dazu bewegen können, möglichst bei den reinen Tatsachen zu bleiben. Dies bedeutet auch, Beobachtung und Gefühl zu trennen. Wenn wir beispielsweise aufgebracht sind, weil wir das Gefühl haben, der Partner macht uns mit seinen Vorhaltungen krank, dann liegt die Versuchung nahe, dass wir unseren Kumpel anrufen und ihm mitteilen, was für ein Leiden der andere gerade in uns ausgelöst hat. Dann neigen wir zu Übertreibungen und Vorhaltungen, statt einfach nur zu sagen: »Als ich heute Morgen frische Brötchen gebracht habe und das Lieblingsbrötchen meines Partners war nicht dabei, war er enttäuscht, und seitdem ist meine Stimmung verdorben!« Bleiben Sie also bei den reinen Tatsachen, wenn Sie etwas erzählen – soweit es Ihnen möglich ist.

• *Ist es hilfreich?* Es gibt Dinge, die wahr sind, die man aber trotzdem nicht weitererzählen sollte. Alles, was Sie sagen, sollte wahr sein (im Idealfall). Aber nicht alles, was wahr ist, sollten Sie erzählen.

Beispiel 31: Sie haben einen guten Freund, der körperbehindert ist und dem Sie immer wieder mal tatkräftig helfen. Die Zeit der Unterstützung geht von Ihrer Freizeit ab, die Sie normalerweise mit Ihrer Freundin verbringen. Ihre Freundin ist deswegen eifersüchtig auf Ihren Freund. Wenn Sie dem Freund nun erzählen, dass Ihre Freundin jedes Mal eine Szene macht, wenn Sie zu ihm gehen, schaffen Sie nur »böses Blut«. Ihr Freund wird Ihre Freundin verurteilen, und schon sitzen Sie zwischen zwei Stühlen. Stattdessen sollten Sie nach eigenen Maßstäben und innerstem Gewissen verantworten, wie viel Zeit Sie mit wem verbringen, und mit beiden Menschen liebevoll und zuvorkommend umgehen.

Beispiel 32: Ihre Großmutter verehrt Richard Wagner. Sie selbst sind ein »Anti-Wagnerianer«. Wenn Sie jetzt die gemeinsame Zeit damit verbringen, sich gegenseitig Ihre Argumente um die Ohren zu hauen, warum Wagner gut oder schlecht ist, verpassen Sie viele Stunden, die eigentlich sehr schön und vertraut sein könnten. Sprechen Sie lieber mit Ihrer Großmutter darüber, was Sie verbindet, statt über das, was Sie trennt.

Beispiel 33: Ihr Freund verehrt einen ganz bestimmten spirituellen Lehrer. Sie halten diesen für einen Scharlatan. Statt den Lehrer schlechtzumachen, konzentrieren Sie sich lieber auf

das, was Sie gemeinsam unternehmen wollen. Umgekehrt gilt das Gleiche: Wenn Sie selbst der Fan eines ganz bestimmten Menschen (Guru, Popstar usw.) sind und Ihr Partner mag ihn nicht, vermeiden Sie das Gesprächsthema.

Das Wesentliche und Verbindende zwischen Ihnen und dem anderen hat nichts mit Ihren Meinungen, Ansichten, Bewertungen, »Wahrheiten« zu tun. Es liegt auf einer anderen Ebene, zu der Sie nur gelangen können, wenn Sie Ihre Urteile, Bewertungen usw. zur Seite stellen.

Gleichnis 8: Eine Weisheit von Sokrates

> *»Ein Mensch sollte seine Worte nur*
> *zu drei Dingen gebrauchen:*
> *um zu helfen,*
> *um zu danken,*
> *um zu segnen.«*

Ich setze meine Körpersprache bewusst ein

Gute Körpersprache ist eine Grundvoraussetzung, um Konfrontationen zu meistern. Wichtig ist, dass die Körpersprache natürlich ist. Es kommt also darauf an, dass die Körpersprache »passt«, das heißt, dass das, was Sie mit Worten sagen wollen, übereinstimmt mit dem, was Sie mit dem Körper ausdrücken.

Übung: Machen Sie sich bewusst, welche Gespräche Ihnen im Alltag Schwierigkeiten bereiten: zum Beispiel Konfrontationen, Gespräche mit dem Chef, dem Partner usw. Dann stellen Sie sich vor einen Spiegel und üben Sie. Stellen Sie sich vor, die betreffende Situation wäre tatsächlich vorhanden. Führen Sie das Fantasiegespräch laut, und beobachten Sie dabei Ihre Körpersprache.

Im Alltag werden Sie erkennen, dass eine bestimmte seelische Verfassung automatisch Ihren Körper in eine bestimmte Haltung bringt.

Beispiel 34: Man fühlt sich durch einen Menschen bedrängt – schon geht der Oberkörper nach hinten und die Arme verschränken sich vor der Brust.

In seinem Buch »Der Körper lügt nicht« zeigt Prof. Diamond, dass man umgekehrt durch das bewusste Einnehmen einer ganz bestimmten Körperhaltung seine seelische Verfassung verändern kann.

Beispiel 35: Man fühlt sich bedrückt – der Körper sitzt logischerweise zusammengesunken auf dem Stuhl. Dann richtet man den Oberkörper auf, so dass die Thymusdrüse nach oben zeigt, und die Gemütslage bessert sich.

Körperhaltungen, die Bewusstheit stimulieren, sind in Indien unter dem Namen Asanas bekannt und werden unter anderem auch im Hatha-Yoga eingesetzt. Darüber hinaus kennen indische Eingeweihte sogenannte »Mudras«. Mudras sind ganz bestimmte Gesten, die erfahrungsgemäß eine ganz bestimmte seelische Verfassung hervorrufen, zum Bespiel das »Mudra der Gelassenheit« oder das »Mudra der Anmut«. Bekannte Mudras kann man den Statuen und Bildern von Gautama Buddha entnehmen[13]. In Westeuropa kennen wir die gefalteten Hände, aber auch das freudige Ausbreiten der Arme.

Tipp: Üben Sie zu Hause einige Mudras. Dann können Sie sich bei Kritik und Attacken sofort wieder in eine souveräne Haltung begeben und so die Situation meistern. Gewöhnen Sie sich beispielsweise eine ganz bestimmte Geste an, die Sie automatisch einsetzen, wenn Sie verbal angegriffen werden.

Viele Politiker trainieren ihre Gesten vor dem Spiegel. Sie sollten Ihre eigenen, originellen Gesten finden, um das, was Sie zu sagen haben, auszudrücken – und um in jeder Lebenslage die angemessene innere Stimmung zu erzeugen. Es kann sein, dass Ihre Umwelt auf Ihr neues Selbstbewusstsein ärgerlich reagiert. Das sollte Sie nur umso mehr motivieren, stimmige Antworten und Lösungen zu finden und an sich zu arbeiten.

*Wer nicht an sich arbeitet,
an dem wird gearbeitet.*

Ich-, Du- und Sach-Botschaften voneinander unterscheiden lernen

Um sich auch in schwierigen Situationen souverän mitteilen zu können, bedarf es rhetorischer Hilfsmittel. Man kann die Art des Mitteilens in drei Gruppen unterteilen:

1. Die Sach-Botschaft
2. Die Du-Botschaft
3. Die Ich-Botschaft

Ich informiere per Sach-Botschaft

Die Sach-Botschaft wird am meisten verwendet, obwohl sie kaum zwischenmenschliche Begegnungen beinhaltet. Sie bietet jedoch den Vorteil der Neutralität. In der Sach-Botschaft geht es um das Mitteilen von Informationen. Die Sach-Botschaft enthält weder ein »Ich« noch ein »Du«.

Beispiel 36: Sie halten einen wissenschaftlichen Vortrag über das Leben von König Ludwig II. In dem Fall sagen Sie nicht: »Ich meine, Ludwig war König von Bayern, und ich verehre ihn sehr.« Diese Aussage enthält ein »Ich«, persönliche Gefühle, das Wort Meinung und führt zu Zweifeln. Die reine Sach-Botschaft ist: »Ludwig war König von Bayern und lebte um die Jahrhundertwende.« Sach-Botschaften werden nicht als eine Meinung in Verbindung mit subjektiven Empfindungen dargestellt und enthalten möglichst immer Quellenangaben.

Ich dominiere per Du-Botschaft

Die Du-Botschaft enthält das Wort »Du« bzw. »Sie«. Sie ist angebracht, wenn Sie zum Beispiel einen Auftrag erteilen oder einen Angreifer auf sich verweisen wollen.

Beispiel 37: Sie haben einen Gärtner bestellt. Sie sagen: »Bitte mähen Sie zuerst den Rasen, und schneiden Sie dann die Rosen, so dass wir gegen 17 Uhr abrechnen können.«

Ich artikuliere per Ich-Botschaft

Mit der Ich-Botschaft teilen Sie mit, wo Sie stehen. Sie ist angebracht, wenn Sie persönlich verstanden werden wollen, etwa beim Flirt, oder wenn Sie Kritik oder Ihre Gefühle ausdrücken möchten.

Beispiel 38: Ihr Partner schraubt die Zahnpastatube nicht zu und rollt sie auch nicht auf. Wenn Sie sich ärgern und sagen: »Warum musst du immer die Zahnpastatube offen und zusammengeknautscht liegen lassen! Ich habe dir schon tausendmal gesagt ...«, vermischen sich Projektion und Du-Botschaft, und der Ärger ist vorprogrammiert. Besser fahren Sie damit, wenn Sie Ihre Bedürfnisse und Gefühle in der Ich-Botschaft ausdrücken: »Wenn ich ins Bad komme und die offene und zudem zusammengeknautschte Zahnpastatube sehe, fühle ich mich unwohl.«

Beispiel 39: Sie sitzen mit dem Mann/der Frau Ihrer Träume bei Mondschein an einem romantischen Meeresstrand. Wenn Sie jetzt ihm/ihr ins Ohr flüstern: »Wenn zwei Menschen sich im Mondschein begegnen, so sagte schon der Schriftsteller Hemingway, sollte man dem anderen ein kleines Kompliment machen...«, bleiben Sie in der neutralen Sach-Botschaft hängen, und Ihr Partner ist frustriert, weil sein Bedürfnis nach Romantik nicht erfüllt wird. Wenn Sie aber sagen: »Ich liebe deine hellgrünen Augen und begehre dich« und ihn/sie noch dazu küssen, hat Ihre Ich-Botschaft ihren Platz gefunden.

Ich reagiere souverän auf Kritik (ERD-Technik)

Die ERD-Technik hilft Ihnen, wenn jemand *anderes* Sie kritisiert oder attackiert. Sie können damit auf Kritik richtig reagieren und die passenden Worte finden. Die ERD-Technik setzt sich aus drei Komponenten zusammen:

1. E = Echo
2. R = Rückfragen
3. D = Danken

Sagt – meint – hört – versteht

In der zwischenmenschlichen Kommunikation entsteht oft unnötiger Ärger durch Missverständnisse. Man *sagt* etwas anderes als man *meint*, oder der andere *versteht* etwas anderes als er *hört*.

Beispiel 40 zeigt, wie es nicht geht: Ihr Partner *sagt:* »Liebling, schaust du noch lange fern?«

- Er *meint:* »Liebling, ich möchte mit dir kuscheln.«
- Sie *hören:* »Du schaust zu viel fern!«
- Sie *verstehen:* »Du bist eine langweilige Tröte.«
- Sie *sagen*: »Du musst auch immer etwas zu meckern haben.«

Ihre Antwort auf »Liebling, schaust du noch lange fern?« ist in dem Fall: »Du musst auch immer etwas zu meckern haben.« – Wenn jemand so reagiert, ist bald ist der schlimmste (unnötige) Streit im Gange. Wenn Sie allerdings erkennen, was der andere wirklich gemeint hat, und sich der eigenen Projektionen und Vorstellungen bewusst sind, können Sie gemeinsam herausfinden:

- warum der andere diese Frage gestellt hat,
- welches Bedürfnis er hat (und welches Sie haben),
- wie beide am besten mit der Situation umgehen.

Tipp: Wann immer ein Gespräch etwas Unangenehmes in Ihnen auslöst, halten Sie inne und fragen sich:

• Was hat der andere (wirklich) gesagt?
• Was mag er damit gemeint haben (z. B. welche Bedürfnisse stecken dahinter)?
• Was haben Sie gehört (haben Sie die Worte des anderen noch genau im Gedächtnis)?
• Was haben Sie verstanden (gibt es in Ihnen Filter und Vorstellungen, die das, was Sie gehört haben, verzerren)?

Eine Möglichkeit, dem, was der andere wirklich gesagt und gemeint hat, auf die Spur zu kommen, liegt im Hinterfragen: Warum hat er das gesagt, und was meint er damit? Um beim obigen Beispiel zu bleiben: Sie fragen: »Meinst du, der Fernseher gehört ausgeschaltet, weil wir uns noch um die Buchhaltung kümmern müssen?« Ihr Partner antwortet: »Nein, ich möchte mit dir kuscheln!« – Durch Hinterfragen lernen Sie die Hintergründe und Bedeutungen kennen.

> »Zwischen dem,
> was ich denke,
> was ich sagen will,
> was ich zu sagen glaube,
> was ich sage,
> was Sie hören möchten,
> was Sie zu hören glauben,
> was Sie hören,
> was Sie verstehen möchten,
> was Sie zu verstehen glauben
> und was Sie verstehen,
> ist es hochwahrscheinlich,
> dass wir Probleme mit unserer Verständigung bekommen.
> Aber lassen Sie es uns trotzdem versuchen.«
> Jacques Salomé [14]

Ich gewinne Zeit und schaffe Klarheit durch die Echo-Technik (E = Echo)

Die Echo-Technik hilft Ihnen, die oben genannten Missverständnisse zu vermeiden. Außerdem erhöht sie Ihre Schlagfertigkeit, weil Sie erst einmal Zeit gewinnen. Wie funktioniert die »Echo-Technik«?

Das erste Wort beim Echo lautet immer »Du« bzw. »Sie«. Dann wiederholen Sie einfach, was der andere gesagt hat. Überwinden Sie den eventuell falsch gelernten Reflex, direkt, emotional und projizierend zu antworten. Holen Sie erst einmal einen oder zwei tiefe Atemzüge, dann antworten Sie konsequent mit einem Echo. Keine Konfrontation kann schiefgehen, wenn Sie erst einmal mit einem Echo antworten. Der Trick bei der Echo-Technik besteht darin, die Botschaft einfach neutral zurückzugeben, als würden Sie damit nichts zu tun haben.

Stellen Sie sich vor, Sie fangen einen Tennisball auf und werfen ihn zurück, weil er Ihnen nicht gehört. Geben Sie also die Energie des anderen, zum Beispiel den Vorwurf, nur neutral zurück – so sind Sie auch ein Spiegel für den anderen. Wichtig ist, dass Sie es lässig sagen. Durch das Echo entsteht eine kleine Distanz zwischen Ihrer Persönlichkeit und dem Vorwurf, und die können Sie nutzen, um zur Bewusstheit zu kommen. Das Echo bietet Ihnen also drei wesentliche Vorzüge:

1. Zeitgewinn
2. Die Attacke berührt Sie nicht mehr so unmittelbar
3. Beide prüfen, ob sie richtig »übersetzt« haben

Beispiel 41: Sie kommen vom Friseur und freuen sich, Ihrem Mann die neue Frisur zu zeigen. Er begrüßt Sie mit den Worten: »Du meine Güte, wie siehst du denn aus?« Wenn Sie jetzt eingeschnappt sind und denken: »Mein Mann mag mich nicht. Gestern war er auch schon so unfreundlich zu mir...«, kann es sein, dass Sie anfangen zu zetern: »Du Trottel, ich habe mich extra für dich schön gemacht, so eine Frechheit!« Das Echo ist in dem Fall viel neutraler: »Du magst meine neue Frisur nicht? Habe ich dich da richtig verstanden?«

Übung: Zwei Partner stehen sich gegenüber. Der eine trifft eine Aussage, beispielsweise eine Kritik: »Du meine Güte, wie siehst

du denn aus?« und wirft dem anderen dabei einen Tennisball hin. Der andere fängt den Tennisball auf, formuliert ein gutes Echo und wirft zugleich mit dem Echo dem anderen den Tennisball zurück.

Ich verwandle Anschuldigungen in Lösungen durch positives Rückfragen (R = Rückfragen)

Mit einer guten Rückfrage erreichen Sie, dass der andere konstruktive Vorschläge macht. Bleiben Sie dabei konsequent. Wenn der andere auf Ihre Rückfrage nicht reagiert, wiederholen Sie die Frage sinngemäß so oft, bis der andere sich darauf einlässt. Wenn Sie also angegriffen werden, diskutieren Sie nicht, rechtfertigen Sie nicht, versuchen Sie nicht, den anderen zu ändern (auch wenn Ihr Argument noch so gut ist). Bringen Sie stattdessen den anderen durch eine gute Rückfrage auf die positive Spur. Fragen Sie zum Beispiel:

* »Wie sollte es sein?«
* »Was können wir jetzt tun?«
* »Was wäre eine gute Lösung?«

Es kann sein, dass der andere immer noch lamentiert und projiziert. Das macht nichts. Fragen Sie einfach erneut: »Gut, aber was soll ich jetzt tun?«

Zu einer positiven Rückfrage gehört auch, sich auf das zu konzentrieren, was Sie tun sollen, und nicht auf das, was Sie an Negativem unterlassen sollen. Durch positives Rückfragen helfen Sie dem anderen aus seiner Negativität und Destruktivität heraus und motivieren ihn, gemeinsam mit Ihnen eine Lösung zu finden.

Beispiel 42: Ihr Mitbewohner kritisiert Sie: Ich finde es ganz schlimm, wie du den Speicher einräumst.« Ihre Antwort: »Gut, aber wie soll ich ihn denn deiner Meinung nach einräumen?« Ihr Mitbewohner mault weiter: »Frag nicht so blöd, eine Katastrophe ist das!« Darauf folgt Ihre zweite Rückfrage: »Ich nehme zur Kenntnis, dass du es für eine Katastrophe hältst, aber was sollen wir deiner Meinung nach jetzt tun?« Ihr Mitbewohner: »Mehr Platz für meine Winterkleidung lassen, ich brauche gerade an der Ecke, wo deine Sachen stehen, Platz für einen Schrank. Außerdem wünsche ich mir, dass deine Kisten so zusammengestellt sind, dass ich sie gut von meinen unterscheiden kann ...« In dem Augenblick können Sie sich auf eine konstruktive Lösung einigen.

Beispiele guter Rückfragen zum Ausprobieren:
- Was können wir jetzt tun?/Was soll ich jetzt tun?
- Wie soll ich es in Zukunft machen?/Wie soll ich es machen?
- Wie sollte es sein?
- Was wäre eine gute Lösung?
- Woher weißt du, dass das so ist?
- Warum sagst du mir das?
- Ist da noch etwas, das du mir sagen willst? (Dadurch schaffen Sie den Raum dafür, dass der andere erst einmal alle Punkte aufführen kann, die ihn nerven, und er nicht später mit weiteren Kritikpunkten kommt.)
- Ist das alles, was du mir sagen willst?

Ergänzen Sie diese Liste mit weiteren Beispielen positiver Rückfragen und notieren Sie sie in Ihrem Erfolgstagebuch.

Ich bringe Gespräche zu einem positiven Ende (D = Danken)

Erkennen Sie, dass die Kritik des anderen Ihnen geholfen hat, Ihre Handlungsweise zu verbessern oder zu bestätigen. Danken Sie dem anderen für diese Gelegenheit (auch wenn er Ihnen vielleicht gar nichts Gutes tun wollte). Danken Sie aber nie provozierend oder ironisch! Wenn Sie meinen, dass der andere Ihren Dank nicht annehmen kann, geben Sie Ihr »Danke« gedanklich an ihn weiter. Senden Sie ihm Frieden, erkennen Sie ihn als den »Privattrainer Ihrer Stimmigkeit« an. Alles, wofür Sie sich ehrlichen Herzens bedanken, wird Ihnen zum Dank werden. Vielleicht segnen Sie sogar Ihren Widersacher. Alles, was Sie ehrlichen Herzens segnen, wird Ihnen zum Segen werden.

Ihre Haltung der Dankbarkeit wirkt sich positiv auf Ihr Leben aus. Um sich diese Haltung anzueignen, wird auch der Besuch eines Naikan-Selbsterforschungsseminars [15] empfohlen.

Fünf ausgefeilte Varianten der ERD-Technik

Wenn Sie sich in der ERD-Technik sicher fühlen, befassen Sie sich mit diesen fünf ausgefeilten Varianten der ERD-Technik:

1. Die »Günstigenfalls-Version«
2. Befehle umdeuten
3. Pöbel im Regen stehen lassen
4. Dominanz-Fragen umdeuten
5. Antworten souverän einstreuen

Was will mir der andere günstigstenfalls signalisieren?

Das Echo gibt Ihnen die Zeit, kurz nachzudenken und Ihre Intuition bzw. Ihre Vernunft zu befragen:

»Was will mir der andere günstigstenfalls signalisieren?«

Fügen Sie also dem Echo eine hilfreiche Interpretation hinzu bzw. (wenn Sie gedanklich flott sind) übersetzen Sie blitzschnell das, was der andere sagt, in das, was er günstigstenfalls meint, ohne dass Sie die Aussage des anderen wörtlich wiederholen müssen.

Beispiel 43: Sie besuchen einen Geschäftsfreund und lassen die Tür hinter sich offen stehen. Ihr Geschäftsfreund kritisiert Sie mit den Worten: »Hast du zu Hause Säcke vor den Türen?« Richtiges Verhalten: Sie holen tief Luft, überlegen kurz, was Ihnen der andere *günstigstenfalls* signalisieren wollte, und antworten mit dem Echo: »Du fragst, ob ich Säcke vor den Türen habe? Ich nehme an, du meinst, ich soll die Tür zumachen.« Oder in der Kurzform: »Du meinst, ich soll die Tür zumachen. Habe ich dich da richtig verstanden?«

Befehle in Meinungen verwandeln

Manchmal ärgert man sich, weil ein anderer herumkommandie-
ren oder einem seinen Willen aufzwingen will. Versucht ein anderer, Sie mit Befehlen zu kommandieren, drehen Sie den Befehl
einfach in eine Meinung um und entscheiden dann, ob Sie dem
Vorschlag des anderen folgen wollen oder nicht. Wenn Ihre Antwort Nein ist, finden Sie möglicherweise ein logisches Argument,
mit dem Sie Ihre Verweigerung begründen können. Dadurch wird
Ihr Nein stabilisiert, obwohl dies nicht zwingend erforderlich ist.

Beispiel 44: Ein Mitbewohner Ihrer Wohngemeinschaft muss
eine Verabredung mit dem gemeinsamen Vermieter absagen.
Ihm ist das peinlich. Er weist Sie deshalb an: »Ruf doch mal den
Vermieter an und sag ihm, dass ich nicht zu der Verabredung
kommen kann.« Richtiges Verhalten: Sie deuten den Befehl in
eine Meinung um und sagen: »Du *meinst*, ich soll deinen Termin
absagen?« Ihr Mitbewohner wird wahrscheinlich antworten:
»Na klar, nun mach schon.« Jetzt geben Sie klar und sachlich
Ihre Nein-Antwort: »Ich bitte dich, das selbst zu machen, dann
kannst du auch gleich den neuen Termin vereinbaren!« Es kann
sein, dass Ihr Mitbewohner darauf unwirsch reagiert.

Machen Sie sich klar, dass jede unwirsche Reaktion, wie immer sie auch ausfällt, mit Ihnen nichts zu tun hat, sondern nur
aus dem eventuell gekränkten Stolz Ihres Mitbewohners resul-
tiert. Es sind *seine* »Programme«, die ablaufen, nicht Ihre. Bleiben Sie einfach in Ihrer Mitte, und wiederholen Sie den einen
Satz: »Das ist nicht meine Aufgabe. Bitte mach das selbst.«

Pöbel im Regen stehen lassen

Viele ärgern sich, wenn sie angepöbelt werden. Mit Pöbel sind Menschen gemeint, die nicht an einer gemeinsamen Sache interessiert sind, sondern einen Dummen suchen, bei dem sie Dampf ablassen können. Bei der »Pöbelversion« geht es darum, das Gespräch souverän zu beenden, um sich denen zuzuwenden, die für Ihre Liebe Verwendung haben. Wenn Sie angepöbelt werden, sollen Sie erkennen: Sie sind gar nicht gemeint. Der andere meint *sich!* Der Pöbel hat Probleme – nicht Sie! Eine einfache rhetorische Entgegnung für einen Pöbel ist: »Ist das alles, was du mir sagen willst?« Oder: »Ist da noch etwas, was du mir sagen willst?« Lassen Sie den anderen ausreden. Sobald ihm nichts mehr einfällt, sagen Sie: »Danke für diese Information.« Spüren Sie nach, ob Sie dazu etwas sagen möchten, wenn nein, drehen Sie sich um und gehen Sie. Sie müssen keinem beweisen, dass Sie der Überlegene sind.

Beispiel 45: Sie sind Student, kommen morgens in die Mensa, und ein Kommilitone begrüßt Sie vor versammelter Mannschaft mit den Worten: »Da kommt der Idiot ja schon wieder!« Wenn Sie nichts sagen, kann es sein, dass Sie sich ärgern. Mit der ERD-Technik reagieren Sie vielleicht so: »Du meinst, ich bin ein Idiot?« Der Kommilitone wird antworten: »Ja, genau!« Dann stellen Sie die Rückfrage: »Ist das alles, was du mir sagen willst?« Der Kommilitone wird wahrscheinlich antworten: »Ja, genau, das wollte ich dir schon immer sagen.« Wenn Sie zeigen wollen, dass Sie die Rolle, die der andere spielt, nicht ernst nehmen, können Sie sich dann bedanken: »Gut, dann danke ich dir für diese Information.« Dann drehen Sie sich um und gehen. Lassen Sie die Negativprojektion des anderen an sich abperlen wie an einer Gummihaut.

Dominanz-Fragen in Aussagen verwandeln

Ein typisches Ärgernis ist, wenn einem ein Loch in den Bauch gefragt wird. Oder schlimmer: wenn versucht wird, durch dauerndes Hinterfragen den anderen zu dominieren (unterwerfen). Antworten Sie nicht auf Dominanz-Fragen, das heißt auf Fragen, die gestellt werden, um Sie klein zu machen. Antworten Sie vor allem nicht auf dominante »Warum-Fragen«, denn diese zwingen Sie immer in die Rechtfertigung und damit ins Abseits. Tun Sie einfach so, als hätte der andere keine Frage gestellt, sondern eine Aussage getroffen (»Frage-Aussage-Dreh«).

Beispiel 46: Ihr Ehepartner begrüßt Sie mit einer Dominanz-Frage: »Warum kommst du wieder so spät?« Wenn Sie sich jetzt rechtfertigen, sind Sie schon auf der Verliererstraße. Cleverer ist es, Sie tun so, als hätte der andere gar keine Frage gestellt, sondern eine Aussage getroffen (»Frage-Aussage-Dreh«), als hätte er also gesagt: »Ich bin sauer, weil du so spät kommst.« Sie kontern souverän mit Echo: »Dich stört, dass ich so spät komme? Habe ich dich da richtig verstanden?« Ihr Ehepartner könnte dann antworten: »Natürlich! Also warum kommst du so spät?«

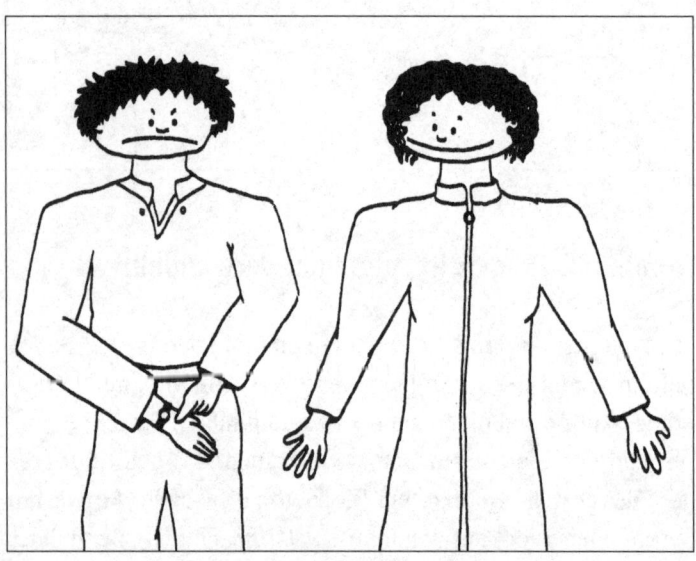

Wenn Sie klug sind, reagieren Sie wieder nicht auf die »Warum-Frage«, sondern fragen jetzt mit der Rückfrage nach der Lösung: »Was stört dich daran, und was können wir in Zukunft tun, um zu vermeiden, dass dich das stört?«

Wie Sie in unangenehmen Situationen trotzdem die Wahrheit sagen

Halten Sie es für angemessen, auf eine Frage-Kritik zu antworten, so sagen Sie die Wahrheit – aber ohne Schuldgefühle, Rechtfertigung, Entschuldigung oder Gegenattacke. Streuen Sie Ihre Antwort einfach in die ERD-Technik ein. Eine souveräne Antwort ist immer

1. ehrlich
2. sachlich
3. klar und eindeutig

Beispiel 47: Sie waren in einer Kneipe, in der über Ihren Freund hergezogen wurde, und Sie haben mitgemacht. Ihr Freund erfährt davon und stellt Sie zur Rede. Wenn Sie sich rechtfertigen und sagen: »Die anderen haben über dich hergezogen und mich quasi dazu gezwungen, mitzumachen«, hilft Ihnen das nicht viel. Wenn Sie lügen oder zum Gegenangriff übergehen und sagen: »Du musst auch immer was zu meckern haben. Erst bin ich dir nicht zuverlässig genug, und jetzt auch noch diese Anmaßung. Du solltest dich schämen!«, säen Sie Gedanken der Trennung und Abspaltung in die Beziehung.

Geschickt wäre es in dem Fall, Sie lockern das Gespräch erst einmal durch ein Echo auf: »Du fragst, ob ich hinter deinem Rücken schlecht über dich geredet habe?« Ihr Freund könnte antworten: »Ja genau, das will ich jetzt wissen.« Daraufhin streuen Sie die Wahrheit souverän ein: »Ja, das stimmt. Ich habe hinter deinem Rücken schlecht über dich geredet.« Sie können dann entweder Ihr Bedauern ausdrücken, die Verantwortung übernehmen und dem Partner mehr Achtsamkeit versprechen. Oder Sie differenzieren und erklären, was Sie genau gesagt haben und was hinzugedichtet wurde. In der Rückfrage können Sie mitfühlend klären: »Ich kann mir vorstellen, dass dich das verletzt hat. Wie können wir unsere Beziehung auf eine solide Basis stellen, damit dies nicht wieder geschieht?«

> *»Sage dem anderen, was du willst,*
> *aber sei frei von der Erwartung,*
> *dass du es auf jeden Fall bekommst!«*

Ich äußere Kritik, Wünsche und Gefühle souverän (TIP-Technik)

Manchmal ärgert man sich, weil man sich äußern möchte, sich Luft machen möchte, aber nicht weiß, wie. Die TIP-Technik hilft Ihnen, Kritik, Wünsche und Gefühle souverän auszudrücken.

Die drei Schritte der »TIP-Technik« lauten:

- T = Tatsache neutral darstellen
- I = Ich-Botschaft signalisieren
- P = Partnerschaftliche Bitte äußern

Ich stelle die Tatsachen neutral dar (T = Tatsachen)

Stellen Sie die Tatsache (zum Beispiel den Grund Ihres Ärgers) neutral und objektiv dar. Vermeiden Sie jeden Vorwurf – auch im Tonfall!

Beispiel 48: Es ist Mittagszeit und Ihr Partner hat noch kein Essen gekocht. Ihnen ist schlecht vor Hunger. Statt sich zu ärgern und zu schimpfen: »Warum hast du immer noch kein Essen gekocht?«, stellen Sie die Tatsache neutral dar: »Wenn ich das richtig sehe, ist die Küche im Augenblick noch kalt.«

Ich drücke per Ich-Botschaft aus, was mit mir los ist (I = Ich-Botschaft)

Teilen Sie Ihre Bedürfnisse und Gefühle in der Ich-Botschaft mit. Sagen Sie dem anderen, was mit Ihnen los ist. Dramatisieren oder beschwichtigen Sie dabei nicht, der andere muss sich ja nicht rechtfertigen. Wenn er zum Gegenangriff übergeht, sich rechtfertigt oder Schuldgefühle zeigt, bauen Sie ihm eine Brücke, indem Sie ihm klarmachen, dass sich Ihre Kritik nicht gegen ihn persönlich richtet.

Beispiel 48 (Fortsetzung): »Ich fühle mich schon ganz schlecht vor Hunger und habe das dringende Bedürfnis, etwas zu essen!« Es kann sein, dass Ihr Partner sich jetzt angegriffen fühlt und zum Beispiel beginnt, destruktiv in den Widerstand zu gehen: »Musst du immer etwas zu meckern haben?« In dem Fall bauen Sie ihm eine Brücke und sagen ihm: »Ich wollte dir nur mitteilen, was mit mir los ist. Mir ist schlecht vor Hunger. Das richtet sich nicht gegen dich persönlich.«

Ich lerne, partnerschaftliche Bitten zu äußern (P = partnerschaftliche Bitte)

Empfinden Sie mit dem anderen mit. Versetzen Sie sich in seine Lage. Suchen Sie immer nach einer partnerschaftlichen Lösung. Sagen Sie nie, was der andere nicht tun sollte, sondern immer, was er tun sollte. Partnerschaftliche Bitten drücken die Lösung für die eigenen Bedürfnisse aus, ohne dabei den anderen zu vergewaltigen. Bitten sind keine Befehle. Wenn der andere Ihrer Bitte nicht nachkommt, werden Sie ihn deshalb weder verurteilen noch ihm Ihre Liebe entziehen. Aber der andere weiß durch Ihre Bitte, was er tun kann, damit es Ihnen besser geht.

Beispiel 48 (Fortsetzung): »Kannst du mir ein Brot machen, bis das Essen fertig ist?« Oder: »Kannst du mir sagen, wann es Essen gibt, damit ich weiß, ob ich mir ein Brot machen soll?«

Übung 4

1. In dieser Übung geht es darum, Angst und Hemmungen aufzulösen, die Sie daran hindern, Konfrontationen souverän und gelassen zu meistern. Notieren Sie dazu zehn Menschen und Situationen, vor denen Sie Angst haben/hatten. Erleben Sie diese Angst/diese Situationen noch einmal, und stellen Sie sich vor, wie Sie in diesen Fällen souverän und stimmig handeln. Wiederholen Sie Ihr geistiges Erleben in der Fantasie so lange, bis Ihre neue Reaktion für Sie eine Selbstverständlichkeit geworden ist.

2. Notieren Sie sich zehn Erfolgserlebnisse im Transformieren von Angst.

3. Notieren Sie nun zehn Erfolgserlebnisse im souveränen Mitteilen.

4. Beobachten Sie im Alltag Ihre Mitmenschen, ob sie auf Kritik und Konfrontationen mit Schwanz-Einziehen, Gegenattacke, Entschuldigung, Rechtfertigung oder Diskussion reagieren.

5. Wie verhalten Sie sich aus Angst vor Ärger? Was tun Sie, obwohl Sie es eigentlich nicht tun wollen? Welchen Preis zahlen Sie aus Angst vor Ärger?

6. Was befürchten Sie im Falle von welchem Ärger?

7. Wie wäre es für Sie, wenn Sie keine Angst vor Ärger hätten? Was würde sich in Ihrem Leben, in Ihren Beziehungen ändern, wenn Sie Ihre Angst vor Ärger durch Authentizität und Mitgefühl ersetzen?

8. Welche Ressourcen haben Sie, um der Angst vor Ärger etwas

149

entgegenzusetzen? Was ist Ihre stimmige Antwort darauf, falls ein anderer Mensch Ärger macht? Vergegenwärtigen Sie sich einige Situationen, in denen Sie Ihre Angst vor Ärger überwunden haben, und notieren Sie, wie Sie im optimalen Falle reagiert haben bzw. gerne reagiert hätten.

9. Beobachten Sie im Alltag Ihre Mitmenschen, wie sie Kritik äußern: Kritisieren sie aggressiv? Diskutieren sie darüber, was »man tut«? Entschuldigen sie sich fast dafür, dass sie etwas zu kritisieren haben? Finden Sie positive Beispiele für stimmiges Äußern von Kritik.

10. Beobachten Sie im Alltag Ihre Mitmenschen, ob sie per Sach-, Du- oder Ich-Botschaft miteinander kommunizieren. Passt die Form oder Kommunikation zu dem, was die Menschen »rüberbringen« wollen?

11. Beobachten Sie im Alltag die Körpersprache Ihrer Mitmenschen. Passt sie zu dem, was gesagt wird?

12. Notieren Sie zehn Situationen, in denen Sie sich positive Gesten (»Mudras«) einfallen lassen möchten. Erfinden Sie im Laufe der nächsten Tage solche Gesten. Üben Sie eine Geste nach der anderen ein, um im Alltag ganz bestimmte Qualitäten zu aktivieren. Finden Sie zum Beispiel eine Geste für Souveränität, Mut, Gelassenheit, Klarheit, Ausdruckskraft usw.

13. Beobachten Sie sich selbst, wie Sie mit Kritik und Konfrontationen umgehen. Wie kommunizieren Sie? Bewerten Sie nicht, wie Sie sich verhalten, beobachten Sie einfach nur.

14. Trainieren Sie die ERD-Technik in zukünftigen Konfrontationen.

15. Trainieren Sie die TIP-Technik in zukünftigen Konfrontationen.

16. Machen Sie eine Feuermeditation. Verbrennen Sie Ihre Notizen von Punkt 1, und verinnerlichen Sie dabei:

Ich begegne in Zukunft jedem Menschen und jeder Situation mutig, souverän und gelassen. Ich habe den Mut, mich ungehemmt, aber liebevoll mitzuteilen. Ich mache aus jeder Konfrontation ein Energiegeschenk. Ich ruhe in jeder Situation in der Mitte meines wahren Wesens.

Beobachten Sie in den nächsten Tagen, was geschieht.

5. KAPITEL

Das Leben lieben

Ich liebe erst einmal mich selbst

Ärger hängt immer auch mit mangelnder Selbstliebe zusammen. Viele Menschen ärgern sich, weil sie meinen, sie seien im Leben zu kurz gekommen. Deshalb: Lieben Sie erst einmal sich selbst. Je mehr Sie sich selbst akzeptieren, desto toleranter können Sie auch anderen gegenüber sein. Und desto mehr werden Sie von anderen gemocht.

Wie Erich Fromm in seinem Buch »Die Kunst des Liebens« sehr eindrücklich darstellt, kann man einen anderen Menschen nur dann wirklich lieben, wenn man *sich selbst* liebt. Bereits Jesus sagte: »Liebe Gott, den Herrn, und deinen Nächsten wie Dich selbst!« Die meisten Menschen vergessen leider den letzten Teil des Satzes. Selbstliebe ist eine unabdingbare Voraussetzung für Nächstenliebe und harmonische Beziehungen zu unseren Mitmenschen. Umgekehrt können wir Liebe von anderen aber nur in dem Maße annehmen, wie wir uns selbst lieben.

Wenn Sie einmal mit eigenen Schwächen konfrontiert werden, ob alleine oder in Gegenwart anderer, hilft Ihnen die Versöhnungsformel:

»Auch wenn ich ... (Problem/Schwäche) habe, akzeptiere und liebe ich mich voll und ganz!«

Vollziehen Sie diese Formel innerlich, fühlen Sie diesen Gedanken, und wenn Sie möchten, sprechen Sie ihn auch aus. Dadurch verschwindet der Ärger über sich selbst, über eigene Fehler, eigenes Versagen (nobody is perfect).

Sich selbst zu lieben bedeutet auch, seine positiven Eigenschaften anzunehmen und zu sich selbst zu stehen. Sie bekommen keinen Respekt, wenn Sie den Duckhansel spielen, höchstens Mitleid. Wollen Sie, dass die Menschen deshalb mit Ihnen zusammen sind, weil sie Sie wie einen »armen Trottel« behandeln können? Oder wollen Sie, dass die Menschen mit Ihnen zusammen sind, weil sie mit Ihnen wechselseitigen Respekt, Wertschätzung und Konstruktivität erleben?

Wie Sie über sich denken und von sich sprechen, so redet man über Sie. Das bedeutet allerdings nicht, dass Sie sich zum Angeber entwickeln sollten oder gar zum »Baron Münchhausen«. Vielmehr sollten Sie sich allen Ernstes Gedanken darüber machen, was Ihr Beitrag an die Welt ist und wofür Sie sich ehrlichen Herzens wertschätzen können.

Machen Sie sich bewusst, was Sie an sich mögen und wofür Sie sich respektieren, und stehen Sie dazu – gleich, was die anderen von Ihnen denken. Es kann sein, dass Sie den einen oder anderen Menschen loslassen müssen, der Sie bisher in die Arme-Trottel-Rolle drängen wollte – aber keine Sorge, dafür kommt etwas Besseres nach. Leben Sie in Respekt vor sich selbst, dann ziehen Sie andere mit hoch!

Beispiel 49: Ihr Chef sagt zu Ihnen: »Ich finde, Sie sind ein ausgezeichneter Verkäufer!« Wenn Sie in falsch verstandener Demut antworten: »Na ja, so gut bin ich auch wieder nicht« und von Ihren Pannen erzählen, wird Ihr Chef denken: »Nun, dann muss ich mich in ihm getäuscht haben«. Bringen Sie besser Ihre Selbstliebe zum Ausdruck: »Ich freue mich, dass Sie das so sehen, und es ist wunderbar für mich, so einen tollen Chef zu haben und diese Anerkennung zu erfahren. Ja, ich sehe das auch so, dass ich ein toller Verkäufer bin!«

Gleichnis 9: Authentisch sein

Ein Gärtner ging durch seinen Garten und sah, dass seine Bäume und Pflanzen verwelkten und im Sterben lagen. Er befragte die Pflanzen, was sie so krank macht. Die Fichte sagte, sie wolle sterben, weil sie nicht groß sei wie die Tanne. Die Tanne wiederum war traurig, weil sie keine Trauben tragen konnte wie der Weinstock. Und der Weinstock lag in den letzten Zügen, weil er nicht Blüten tragen konnte wie die Rose.

Nur das Stiefmütterchen blühte wie immer und sagte: »Für mich war klar, dass du ein Stiefmütterchen haben wolltest, als du mich pflanztest. Hättest du eine Fichte, eine Tanne oder einen Weinstock gewollt, hättest du sie gepflanzt. Da ich ohnehin nichts anderes sein kann als das, was ich bin, will ich das, was ich bin, in aller Freude sein. [16]

Sie sind hier, weil die Schöpfung Sie so braucht, wie Sie sind. Sonst wäre ein anderer an Ihrer Stelle! Bedenken Sie den Respekt, den Ihnen das Universum bezeugt! *Sie* sind für Ihr Leben ausgewählt worden – kein anderer. Schauen Sie sich an! Sie können nur Sie selbst sein. Es ist Ihnen nicht möglich, ein anderer zu sein. Sie können dahinwelken – oder blühen und Ihre individuelle Lebensart genießen. Es liegt an Ihnen.

Natürlich sein ist der größte Energiesparer

Viele Menschen ärgern sich über sich selbst, weil sie sich ihre eigenen Unvollkommenheiten nicht verzeihen können. Der »Selbstverbesserer« meint: »Wenn ich mit mir ständig unzufrieden bin, spornt das meinen Ehrgeiz an, ich werde befördert, mehr geliebt usw.« Die Wahrheit ist: Das Einzige, was bei Unzufriedenheit herauskommt, ist Unzufriedenheit. Sie haben keine Chance, sich durch Unzufriedenheit zu verbessern. Das wäre genauso, als wenn Sie mit Ihrem Segelboot auf dem offenen Meer in Richtung Horizont segeln und hoffen, die Stelle zu erreichen, wo der Himmel die Erde berührt. Je weiter Sie in Richtung Horizont segeln, umso mehr entfernt er sich.

Erkennen Sie: Sie können nicht glücklich werden, Sie können nur glücklich sein – und das können Sie sofort, hier und jetzt, mit all Ihren vermeintlichen Fehlern. Sie können sich lieben, wie Sie sind, und darüber glücklich sein. Sobald Sie sich selbst annehmen, geschehen alle notwendigen Verbesserungen durch Sie selbst. Verbesserungen kommen nicht aus einem unzufriedenen Ego heraus. Verbesserungen können nie erzwungen werden. Sie geschehen als Nebenprodukt von Selbstliebe und Selbstakzeptanz.

Eigentlich ist fehlende Selbstliebe immer fehlende Selbsterkenntnis. Deshalb: Erkennen Sie sich selbst. Erkennen Sie, wer Sie *wirklich* sind. Wer sich einmal selbst gefunden hat, kann nichts mehr auf der Welt verlieren. Lieben Sie sich, so wie Sie sind. Selbstliebe ist kein Narzissmus, sondern Anerkennung für das, was ist, Anerkennung und realistische Würdigung des

Ortes, wo Sie heute stehen, bei gleichzeitiger Bereitschaft, darüber hinauszuwachsen. Sagen Sie sich: Heute bin ich für heute okay!

Konzentrieren Sie Ihre Energie darauf, sich zu *erkennen* und zu *lieben*. Lassen Sie Verbesserung durch Sie selbst im Einklang mit dem Leben geschehen. Natürlich sein ist der größte »Energiesparer«, den es gibt.

Beispiel 50: Sie sind Angestellter in einem Konzern. Um Karriere zu machen, besuchen Sie einen Computerkurs an der Volkshochschule. Obwohl Sie den Unterricht nicht mögen, zwingen Sie sich dazu. Eines Tages erfahren Sie, dass Ihr Kollege, der keinen Computerkurs gemacht hat, befördert wurde und nicht Sie. Wenn Sie sich selbst dafür verantwortlich machen, dass er und nicht Sie die Beförderung erhalten hat, werden Sie sich nur Ihr Arbeitsumfeld vermiesen. Sagen Sie sich lieber: »Auch wenn ich die Beförderung nicht erhalten habe, akzeptiere ich mich voll und ganz.« Und dann beobachten Sie Ihren Kollegen, ob Sie von ihm lernen können, und erkennen, dass er vielleicht durch seine positive Art sehr viele Freunde hat. Sie lernen, sich selbst zu lieben. Vielleicht besuchen Sie auch künftig einen Computerkurs, aber wählen dafür eine Zeit und eine Unterrichtsform, die Ihnen Spaß macht. Ihre positive Stimmung breitet sich in Ihrer Firma aus – und vielleicht werden Sie eines Tages sogar doppelt befördert?

Gleichnis 10: Das Spiel ist aus

Eine Frau schläft und träumt... Sie sitzt in einem Zug. Der Zug fährt durch einen dunklen Tunnel. Als der Zug aus dem Tunnel kommt, sind ihre beiden Koffer verschwunden. Da läutet der Wecker zum Aufstehen, aber im Halbschlaf zögert die Frau, weil sie ja ihre beiden Koffer noch nicht gefunden hat.

Sie können ein Leben lang »Koffer suchen« und auch finden – aber warum sollten Sie das tun? Nach fünf Jahren haben Sie ein hervorragendes psychologisches Vokabular – und suchen nach fünf weiteren Koffern.

Sie können Ihre Energien dafür verwenden, an sich herumzudoktern oder sich zu erkennen, es liegt an Ihnen. Sobald Sie erkannt haben, wer Sie wirklich sind, sobald Sie erwacht sind, werden Sie Ihre Herausforderungen aus einer ganz anderen Perspektive angehen. Also: Hören Sie auf, Koffer zu suchen. Und: Hören Sie auf, anderen beim Koffersuchen zu helfen. Erkennen Sie Ihr wahres Selbst, und helfen Sie anderen, dieses zu entdecken, indem Sie deren wahres Selbst ansprechen.

Wenn ich könnte, wie ich wollte

Unnötiger Ärger entsteht aus falsch verstandener Rücksichtnahme. Man will es den anderen recht machen, zwingt sich dadurch zu einer unnatürlichen Zurücknahme der eigenen Bedürfnisse und ärgert sich, wenn das nicht honoriert wird. Also:

159

Hören Sie auf, die Anerkennung der anderen zum Maßstab Ihres Handelns zu machen. Sie wollen in den Augen der anderen als »guter« Mensch dastehen? Vergessen Sie es. Fragen Sie sich besser: »Wenn ich könnte, wie ich wollte, was würde dann für mich stimmen?« Und tun Sie es! Sie sind nicht auf der Welt, um die Erwartungen anderer zu erfüllen. Sie sind auf der Welt, um nach eigenen Werten stimmig zu lieben und zu leben.

Jeder ist für sein Leben und sein Glücksgefühl selbst verantwortlich. Dabei haben sie das Recht, glücklich zu sein – auch wenn es anderen nicht immer gefällt. Wenn Sie glücklich sind, wächst in Ihnen *automatisch* der Wunsch, anderen zu helfen und zu dienen. So werden Sie ein Segen für die anderen.

Beispiel 51: Ihre Freundin hat Sie ins Theater eingeladen. Doch Ihr Mann erwartet von Ihnen, dass Sie den Abend mit ihm vor dem Fernseher verbringen. Wenn Sie die Erwartungen Ihres Mannes erfüllen, obwohl es Ihnen nicht entspricht, kann es sein, dass Sie sich den ganzen Abend lang ärgern. Ihr Mann bekommt Ihre schlechte Laune mit und ärgert sich nun ebenfalls.

Eine gute Lösung könnte sein: Sie bereiten Ihrem Mann liebevoll ein Abendessen und gehen dann mit Ihrer Freundin ins Theater. Sie wissen: Wenn Ihr Mann deshalb sauer ist, ist das *sein* Problem, *seine* Erwartung und *seine* Chance, Toleranz zu lernen. Es ist nicht Ihre Aufgabe, Ihrem Mann durch falsch verstandene Zurücknahme die Lektionen abzunehmen. Natürlich sollten Sie dabei nicht rücksichtslos vorgehen. Stets sind die Bedürfnisse des anderen und die eigenen abzuwägen.

> *Glücklich zu sein*
> *ist der einfachste Weg,*
> *ein guter Mensch zu werden.*
> Eugene O' Neill

Ich nehme die Menschen so, wie sie sind

Oft ärgert man sich über einen anderen, weil er scheinbar rücksichtslos, intolerant und gemein ist. Wenn Sie sich wirklich lieben, wenn Sie sich wirklich die Freiheit einräumen, Sie selbst zu sein, dann fällt es Ihnen auch leichter, sich über andere nicht zu ärgern, sondern sie so zu akzeptieren, wie sie sind.

Natürlich könnten Sie sich permanent über das Fehlverhalten anderer und ihre schlechten Manieren ärgern – aber warum sollten Sie das tun? Es bringt Ihnen nichts als Ärger! Konrad Adenauer sagte einmal: »Nimm die Menschen so, wie sie sind – es gibt keine anderen.« Akzeptieren Sie: Jeder hat das Recht, so zu sein, wie er nun einmal ist. Vielleicht kann er gerade nicht anders, vielleicht will er nicht. Versuchen Sie nie, andere zu ändern – erstens haben Sie nicht das Recht dazu, und zweitens klappt es sowieso nicht! Mit dem Maß, mit dem Sie messen, werden Sie gemessen werden. Seien Sie also kein »Weltverbesserer«, sondern ein »Menschenfreund«.

Wahre Stärke zeigt sich in Toleranz! Wenn die Menschen wüssten, dass es zu nichts verpflichtet, jemanden bedingungslos zu akzeptieren, ihm jetzt Liebe zu geben, als Geschenk des Augenblicks – es gäbe statt falscher Erwartungen und Enttäu-

161

schungen ein Meer von Liebe und wahrer Freiheit. Jemanden jetzt zu lieben verpflichtet zu nichts! Jemanden jetzt zu lieben bedeutet einfach: mit dem Leben zu tanzen. Sie können heute bereits damit anfangen.

Beispiel 52: Beim Gala-Diner diskutiert ein Gast stundenlang über Politik. Statt sich über die Engstirnigkeit des Gastes zu ärgern oder sich in Diskussionen verwickeln zu lassen, akzeptieren Sie einfach, dass es Leute gibt, die gerne stundenlang über Politik reden. Wenden Sie sich den Gesprächen zu, die für Sie interessanter sind.

Übung 5

1. Sagen Sie Ihrem Partner fünf Minuten lang, was Sie an sich mögen. Ihr Partner hört Ihnen zu und sagt jedes Mal nur: »Ja, das stimmt!« Keine Diskussion, kein Kommentar, einfach nur: »Ja, das stimmt«. Beobachten Sie, was dabei in Ihrem Inneren geschieht. Dann tauschen Sie die Rollen, und Ihr Partner sagt Ihnen, was er an Ihnen mag, und Sie antworten mit »Ja, das stimmt!«

Beispiel: Sie sagen: »Ich habe eine wunderschöne Nase, eine tolle Figur und sinnliche Lippen.« Ihr Partner antwortet: »Ja, das stimmt!« Sie fahren fort: »Ich bin tolerant, liebenswert und verständnisvoll.« Ihr Partner antwortet: »Ja, das stimmt!«

2. Stellen Sie sich morgens vor dem Aufstehen, aber auch in den Situationen des Alltags folgende Fragen:

Will ich Ärger oder Liebe erleben?
Will ich im anderen Mängel oder Liebe entdecken?
Will ich von anderen Liebe erwarten oder selbst Liebe geben?

3. Springen Sie morgens aus dem Bett, machen Sie einen Indianertanz und rufen dabei:

»Ich mag mich! Ich mag mich! Ich mag mich!«

Spüren Sie, wie die Liebe zu sich selbst Ihren ganzen Körper durchströmt, wie Sie sich selbst mit Energie aufladen. Wenn Sie mögen, hören Sie dazu die Musik von Gloria Gaynor: »I am what I am« (Ich bin, wie ich bin) oder von Stevie Wonder: »Happy Birthday« (Herzlichen Glückwunsch zum Geburtstag). Jeder neue Tag bietet die Chance eines ganzen Lebens, jeder Morgen ist »Welturaufführung«!

4. Lesen Sie jeden Morgen das Gedicht »Mit Liebe im Herzen« oder »Morgenmeditation« (Seite 169), oder nehmen Sie es auf CD auf und hören es jeden Morgen gleich nach dem Aufwachen. »Erschaffen« Sie dabei jede Zeile in Ihrem Herzen, indem Sie jede Aussage gedanklich vollziehen. Spüren Sie

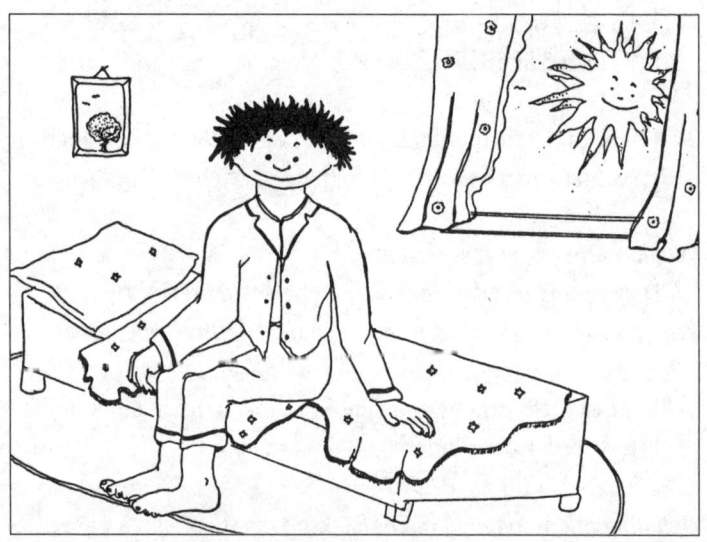

Freude und Dankbarkeit, und beobachten Sie dabei, was in Ihnen geschieht.

5. Stellen Sie sich morgens fünf Minuten lang vor den Spiegel und machen Ihrem Spiegelbild in Worten oder Gedanken eine Liebeserklärung! Verlassen Sie den Spiegel nicht, bevor Sie Ihre Liebe in jeder Zelle Ihres Körpers fühlen. Was vielleicht auf den ersten Blick etwas komisch aussieht, ist tatsächlich eine der effektivsten Übungen für einen guten Start in den Tag und eine wirklich ausgezeichnete Methode, »von innen« schön zu werden. Sprechen Sie dazu Ihre »Liebeserklärung« in der ersten, zweiten und dritten Person (ich, du, er/sie), zum Beispiel:

Ich liebe mich!
Kurt, du liebst dich!
Kurt liebt sich!

Oder Sie stellen sich morgens nach dem Duschen vor den Badezimmerspiegel und sagen:

Ich, Kurt, bin schön, liebenswert und ein fabelhafter Kumpel.
Kurt, du bist schön, liebenswert und ein fabelhafter Kumpel.
Kurt ist schön, liebenswert und ein fabelhafter Kumpel.
usw.

6. Notieren Sie für sich:
   Die zehn schönsten Augenblicke meines bisherigen Lebens

Zehn Dinge, die ich gerne tue
Zehn Menschen, die ich gerne mag
Zehn Dinge, die ich an mir mag

7. Beschreiben Sie Ihren Partner fünf Minuten lang, ohne ihn zu bewerten. Lassen Sie jede Bewertung – egal, ob positiv oder negativ – los. Ihr Partner antwortet: »Ja, das stimmt.« Sprechen Sie darüber, was Sie beide während der Übung empfunden haben.

Beispiel: Sie sagen zu Ihrem Partner: »Du hast hellgrüne Augen und kastanienbraunes Haar.« Ihr Partner antwortet: »Ja, das stimmt.« (Also diesmal nicht: Du hast »schöne« Augen. Das wäre schon eine – wenn auch positive – Bewertung.) Erleben Sie, wie Sie beide durch diese reine Beobachtung gemeinsam im »Hier und Jetzt« ankommen.

8. Gehen Sie auf eine Party, und verhalten Sie sich ganz bewusst so, wie es Ihnen gerade entspricht. Seien Sie sie selbst. Lassen Sie sich angenehm überraschen, wie viel Freiraum Ihnen zur Verfügung steht!

9. Fragen Sie sich, was Ihre unerfüllten Wünsche sind. Notieren Sie dazu: »Wenn ich könnte, wie ich wollte, würde ich am liebsten...« Übertreten Sie einmal bewusst Ihre Grenzen, dort, wo es für Sie stimmt, auch anerzogene Normen und Moralismen (»Das tut man nicht«) – aber respektieren Sie dabei immer die Würde, Freiheit und Grenzen der anderen.

Überschreiten Sie also Ihre eigenen Grenzen, ohne die anderen zu brüskieren.

10. Notieren Sie zehn negative Eigenschaften, die Sie an sich oder anderen besonders stören. Gewinnen Sie jeder dieser Eigenschaften eine positive Seite ab, erkennen Sie die positive Kehrseite der Medaille. Zum Beispiel: Wer faul ist, ist auf der anderen Seite vielleicht ein Genießer. Wer sich stresst, ist möglicherweise gewissenhaft und zuverlässig.

11. Ankern Sie Ihre Erfolgserlebnisse in Selbstliebe und Toleranz.

12. Machen Sie eine Feuermeditation. Verbrennen Sie Ihre Notizen von Punkt 10 und verinnerlichen Sie dabei:

Ich höre auf, mich oder andere ändern zu wollen. Ich akzeptiere jeden Menschen bedingungslos so, wie er ist. Ich akzeptiere auch mich selbst so, wie ich bin. Heute bin ich für heute okay. Heute sind wir alle für heute okay.

Gleichnis 11: Mit Liebe im Herzen ...

Mit Liebe im Herzen begrüße ich den neuen Tag

Ich liebe die Sonne, weil sie mich wärmt.
Ich liebe den Regen, weil er mich reinigt.
Ich liebe den Morgen, weil mit ihm neues Leben erwacht.
Ich liebe den Abend, weil mit ihm meine Seele heimkehrt.
Ich liebe den Frühling, weil er mich neu belebt.
Ich liebe den Sommer, weil er mir Kraft gibt.
Ich liebe den Herbst, weil er mir Reife verleiht.
Ich liebe den Winter – Weisheit, Frieden, es ist vollbracht.
Ich liebe glückliche Stunden, weil sie mein Herz öffnen.
Ich liebe traurige Stunden, weil sie meine Seele öffnen.
Ich liebe Schwierigkeiten, weil ihre Lösung mich reich beschenkt.
Und ich liebe alle Menschen, weil jeder von uns »göttlich« ist. [17]

Gleichnis 12: Morgenmeditation

»Dank sei Dir, Gott in mir, für diesen Tag mit seiner Fülle neuer Möglichkeiten und Beglückungen, die ich freudig willkommen heiße.

Dank sei Dir, Gott in mir, dass Du auch heute meine Schritte lenkst und bewirkst, dass alles zu meinem Besten ausschlägt.

Dank sei Dir, Gott in mir, dass Du mich auch heute behütest und mir die Möglichkeit gibst, jeden, dem ich begegne, froher, glücklicher und reicher zu machen.

Dank sei Dir, Gott in mir, dass Du mein Herz mit Freude und Vertrauen erfüllst, mit der Gewissheit, dass alles gut ist.

Dank sei Dir, Gott in mir, dass Du mir bewusst machst, auf welche Weise ich daheim und bei der täglichen Arbeit mein Bestes geben kann, und mir die Kraft gibst, zu tun, wozu mein Herz mich treibt.

Dank sei Dir, Gott in mir, dass Du mir täglich aufs Neue die Möglichkeit gibst, Wirker deines Willens zu sein, anderen zu dienen und das Glück in der Welt zu mehren.

Dank sei Dir, Gott in mir, dass Du mich zum Kanal der Fülle machst, für mich wie für die Wesen um mich herum, so dass ich am Abend erneut Grund und Anlass habe zu bekennen: Dank sei Dir, Gott in mir.« [18]

KAPITEL 6

Ich bin bewusst im Hier und Jetzt

Ich befähige meine Mitmenschen

Manchmal neigt man dazu, Mitmenschen in bestimmte Schubladen einzusortieren und dort nicht wieder herauszulassen. So entstehen Vorurteile, wie: Frauen in der Großstadt sind abweisend, Chefs sind arrogant usw. Das stimmt aber nicht. Forschungen haben gezeigt, dass ein und dieselbe Person in den verschiedensten Situationen einmal abweisend, einmal arrogant, ein anderes Mal liebevoll reagiert. Menschen sind also nicht »so«. Frauen in der Großstadt sind nicht generell abweisend, sie sind nur abweisend, wenn Sie das gerade in ihnen hervorrufen. Chefs sind nicht generell arrogant, sie sind nur arrogant, weil Sie diese Eigenschaft in sie hineinprojizieren und dadurch eine entsprechende Reaktion auslösen usw.

Woher kommt die Tendenz, in andere Personen Negatives hineinzuprojizieren? Zum einen beruht sie auf dem Wunsch, auf unangenehme Überraschungen vorbereitet zu sein, zum anderen auf der Idee, man müsste andere niedermachen, um mehr Macht und Ansehen zu erreichen. Diese Strategie erweist sich regelmäßig als »Waterloo«: Wer von anderen Schlechtes erwartet, der wird von anderen Schlechtes erfahren (Resonanzgesetz). Wer andere niedermacht, wird von anderen niedergemacht. Wer mit dem Schwert kämpft, wird durch das Schwert umkommen. Darüber hinaus schadet alles Schlechte, was Sie über den anderen denken, in erster Linie erst einmal Ihnen selbst.

Machen Sie doch ein Experiment: Denken Sie nur eine Minute schlecht von irgendjemanden (was für ein mieser Kerl er ist usw.) – und fühlen Sie nach dieser Minute, wie SIE sich fühlen. Dann denken Sie eine Minute lang positiv über denselben Menschen (welche positiven Seiten er haben mag) – und fühlen Sie nach dieser Minute erneut, wie gut Sie sich jetzt fühlen.

Dieses Beispiel kann Ihnen klarmachen, was Sie sich antun, wenn Sie über die böse Konkurrenz negativ denken, ihr alles Schlechte wünschen oder sogar negativ über sie sprechen – bevor die Gedanken sich über die Konkurrenz ergießen, haben diese Sie schon dreimal getroffen.

Sehen Sie Frauen, Ihren Chef oder auch die Konkurrenz einmal anders. Schaffen Sie in sich neue Glaubenssätze, wie: Frauen lernen gerne Männer kennen, Chefs suchen gern menschlichen Kontakt zu ihren Angestellten usw. Wenn im anderen nur ein Funke dieser Fähigkeit vorhanden ist, rufen Sie diese Fähigkeiten in ihm hervor. Lassen Sie sich überraschen, wie sich dadurch Menschen ändern. Wer es sich leistet, andere für großartig zu halten, der lebt in einer großartigen Welt.

Tipp: Befähigen Sie den anderen, das heißt, räumen Sie gedanklich die Möglichkeit ein (unabhängig davon, wie bisher die Praxis aussah): »Der schafft das. Der kann das. In dem steckt ein guter Kern!« Seien Sie auch bereit, sich von anderen befähigen zu lassen.

Ein Tipp für hartnäckige Fälle: Befähigen Sie den anderen, Sie zu befähigen. Befähigen Sie Ihre Umwelt. Halten Sie es für möglich, dass Sie Menschen, die Sie bisher nicht leiden konnten, plötzlich ganz passabel finden – und Wunder können in Ihrem Leben geschehen. Ihr Herz bietet Platz für die verschiedensten großartigen Menschen in friedvoller Koexistenz – wenn Sie es zulassen!

Beispiel 53: Sie möchten einen ganz bestimmten Menschen kennenlernen, haben aber die innere Einstellung, dass er Ihnen gegenüber abweisend ist. Viele Menschen machen in dieser Situation den Fehler, das Blaue vom Himmel herunterzureden, um Eindruck zu schinden. Besser fahren Sie, wenn Sie den anderen befähigen, Sie so zu mögen, wie Sie nun einmal sind, und sich natürlich verhalten.

Beispiel 54: Sie halten Ihren Chef für einen Ausbeuter. Eines Tages werden Sie zu Ihrem Chef gerufen. Sie betreten das Chefzimmer betont arrogant, um sich äußere Stärke zu geben. Ihr Chef will Sie eigentlich aus Dankbarkeit für Ihre vielen Überstunden zu einem Bundesligaspiel ins Stadion einladen. Er bemerkt Ihre Haltung, denkt: »Das wollen wir mal sehen, wer der Stärkere ist« und fängt an, an Ihrer Arbeitsweise herumzukritisieren. Befähigen Sie stattdessen Ihren Chef, ein aufrichtiges Interesse an seinen Angestellten zu haben, betreten Sie das Chefzimmer lässig und aufgeschlossen, und freuen Sie sich über die angenehme Überraschung.

Beispiel 55: Sie haben das Gefühl, Ihr Partner bringt Ihnen zu wenig Liebe entgegen. Wenn Sie ihn beschuldigen, er sei unfähig zu lieben, wird dies nur Streit provozieren. Hilfreicher ist es, Ihren Partner zu befähigen: Sie halten es für möglich, dass in Ihrem Partner ein Mensch steckt, der sehr viel Liebe ge-

ben kann und auch möchte, und fangen damit an, ihm Ihrerseits Liebe zu geben, unabhängig davon, ob sie zurückkommt oder nicht. Drängen Sie ihm Ihre Liebe nicht auf, bieten Sie ihm Ihre Liebe nur an. Halten Sie dieses Experiment einige Wochen durch, gleich, was geschieht. Ergebnis: Entweder Ihr Partner taut auf – oder dieser Mensch ist einfach nicht Ihr Partner.

Beispiel 56: Sie halten sich für eine relativ trübe Tasse. Bei einem Gespräch mit Ihrem Partner sagt Ihnen dieser im Laufe der Unterhaltung, dass er Sie für einen mutigen Menschen hält – eine Rolle, die Ihnen gut gefällt. Sich befähigen zu lassen bedeutet in dem Fall: Sie lassen zu, dass Ihr Partner so über Sie denkt, und öffnen sich einer gemeinsamen Unternehmung, einem Abenteuer, etwas, das Ihnen Freude bereitet. Sie denken: »In mir steckt ein mutiger Mensch – vielleicht stimmt das wirklich? Ich will es einmal ausprobieren!« Sie wollten schon immer einen hohen Berg besteigen, hatten sich aber bisher nie getraut. Nun melden Sie sich für einen Bergsteigerkurs an und erklimmen im nächsten Urlaub Ihren Lieblingsberg.

Beispiel 57: Sie glauben, dass Ihre Mutter Sie schon immer für schüchtern gehalten hat. Sie sind längst erwachsen, aber jedes Mal, wenn Sie Ihre Mutter sehen, fallen Sie wieder in die Rolle des schüchternen kleinen Jungen. Sie lösen dieses Thema am besten wie folgt: Sie befähigen Ihre Mutter, Sie zu befähigen. Das heißt, Sie halten es für möglich, dass Ihre Mutter es für möglich hält, dass Sie in Wirklichkeit ein starker Typ sind. Ergebnis: Sie können ein starker Typ sein, auch wenn Ihre Mutter in Ihrer Nähe ist.

Gleichnis 13: Der Tempel der tausend Spiegel

Es war einmal vor vielen, vielen Jahren in Indien. Da stand mitten im Urwald ein Tempel aus purem Gold. Innen war er mit Tausenden von Spiegeln ausgeschmückt, so dass man sich dort tau-

sendfach widerspiegeln konnte. Eines Tages kam ein Hund zu dem Tempel. Er freute sich über seine Entdeckung und glaubte, nun ein reicher Hund zu sein, als er das viele Gold sah. Aber als er in den Tempel hineinging, sah er sich Tausenden von Hunden gegenüber. Er wurde furchtbar wütend, dass ihm die anderen Hunde zuvorgekommen waren, und fing an zu bellen. Doch die anderen Hunde bellten zurück, denn es waren ja seine Spiegelbilder. Er geriet darüber noch mehr in Zorn. Aber die Hunde, denen er gegenüberstand, wurden auch immer zorniger. Schließlich wurde seine Wut so groß, dass sie ihn umbrachte. Der Hund fiel tot um.

Viele, viele Jahre später kam wieder einmal ein Hund zum Tempel der tausend Spiegel. Auch er ging hinein und sah sich Tausenden von Hunden gegenüber. Dieser Hund aber freute sich, dass er in seiner Einsamkeit Gesellschaft gefunden hatte, und wedelte mit dem Schwanz. Da wedelten tausend Hunde zurück, und er freute sich, dass sich die anderen freuten, und die Freude wollte kein Ende finden. Von nun an ging er öfter zu dem Tempel, um sich zusammen mit den anderen Hunden zu freuen. Der gleiche Ort, der für den einen ein Ort des Todes war, war für den anderen ein Ort der Freude. [19]

Alles, was Sie im Außen sehen, ist ein Spiegelbild Ihres Innenlebens. Es ist wie bei einer Kamera: Sobald Sie Ihre Einstellung ändern, ändert sich das, was Sie im Äußeren erleben.

Gleichnis 14: Der Einäugige und der Blinde

Auf einer Geschäftsstraße in New York lebten zwei Kaufleute, einer gerissener als der andere. Weil sie beide mit Edelsteinen handelten, hielten sie sich für Konkurrenten und versuchten, einander zu schaden, wo es nur möglich war. Eines Tages fand einer der beiden Kaufleute im nahe gelegenen Central Park eine Flasche, und als er den Korken öffnete, stieg aus dieser Flasche eine wunderschöne Fee hervor. Sie sagte: »Du hast mich aus dieser Flasche befreit, dafür hast du einen Wunsch frei – aber nur unter einer Bedingung: Derjenige, den du am wenigsten liebst, bekommt davon das Doppelte.« In seinem Zorn wünschte sich der Geschäftsmann, ein Auge zu verlieren. Er wurde einäugig und sah voller Schadenfreude, wie sein ärgster Konkurrent schlagartig auf beiden Augen erblindete.

Aber die Geschichte geht noch weiter: Der blinde Geschäftsmann wurde einsichtig: Er erkannte aus diesem Schicksalsschlag, dass es Dinge gibt, die man mit keinem Geld der Welt bezahlen kann. Ihm wurde klar, wie sehr er in seiner Profitgier am Leben vorbeigelebt hatte. Er verkaufte seinen Laden und besuchte von dem Erlös die großen Weisen seiner Zeit, um dem Geheimnis des wahren Glücks auf die Spur zu kommen. Er arbeitete intensiv an sich, und nach drei Jahren kehrte er zurück, zwar als blinder, aber aus tiefstem Herzen glücklicher Mann. Der Nachfolger seines Geschäfts hatte den Laden so sehr heruntergewirtschaftet, dass er ihn für den letzten Rest seiner Ersparnisse zurückkaufen konnte. Durch seine liebenswerte Art lernte er eine liebe Frau kennen, die ihm bei der Führung des

*Ladens zur Hand ging, und lebte glücklich bis an sein Lebens-
ende.* [20)]

Mit drei Schritten in eine bessere Welt

Machen Sie sich klar: Sie können andere nur zu Tugenden befähigen, die Sie selbst in sich tragen (Resonanzgesetz). Wenn
Sie in anderen etwas hervorrufen möchten, müssen Sie also
erst einmal selbst ein guter Resonanzboden sein. Dann fällt
es Ihnen leicht, mit drei Schritten in eine bessere Welt zu gehen.

1. Sie erschaffen Liebe, Lebensfreude, Gelassenheit usw. in sich
   selbst.
2. Sie halten es für möglich, dass in Ihren Mitmenschen ebenfalls Liebe, Lebensfreude und Gelassenheit schlummern.
3. Sie sprechen im anderen konsequent den Liebevollen, den
   Lebenslustigen, den Gelassenen an.

Beispiel 58: Sie möchten, dass Ihre Umwelt weniger über Probleme spricht und mehr das Leben genießt. Sie ärgern sich darüber und fragen, warum so viel über Probleme gesprochen
wird. Lösung: Sie stellen sich vor, wie es ist, das Leben zu genießen, Spaß zu haben, Lebensfreude am ganzen Körper zu
spüren (erster Schritt). Dann stellen Sie sich vor, dass in Ihren
Mitmenschen auch die Sehnsucht nach Lebensgenuss vorhanden ist und im Grunde genommen in jedem Menschen auch ein
Lebenskünstler schlummert (zweiter Schritt). Dann gehen Sie

zu Ihren Mitmenschen und sprechen konsequent den Lebenskünstler im anderen an (dritter Schritt).

Ich antworte auf Ärger mit Bewusstheit

Konrad Adenauer sagte einmal: »Wir leben alle im gleichen
Himmel, aber wir sehen nicht alle den gleichen Horizont.« Ärger ist immer ein Zeichen von mangelnder Bewusstheit. Antworten Sie auf Ärger immer mit Bewusstheit. Indem Sie bei
jedem Ärgernis schlagartig bewusst werden, bieten Sie nur
noch Resonanz für Bewusstheit, das heißt, unbewusste Menschen werden entweder auch bewusst oder entfernen sich von
Ihnen.

Bewusstheit wirkt Wunder, selbst wenn Sie angepöbelt werden. Ihre Resonanz auf das Angepöbeltwerden lässt sich mit
zwei Glocken vergleichen. Stellen Sie sich vor, Sie sind eine
Glocke, und der andere, der Sie anpöbelt, ist die andere Glocke.
Stellen Sie sich vor, die eine Glocke stößt an die andere. Wenn
beide Glocken hohl sind, klingt die andere zurück. Im Klartext:
Sie werden angepöbelt und pöbeln zurück. Sobald eine der beiden Glocken gefüllt ist, ergibt sie keinen Ton. Im Klartext: Sobald Ihr Körper mit Bewusstheit gefüllt ist, können andere Sie
nicht anpöbeln – Sie bieten keine Resonanz. Also: Füllen Sie
sich mit Bewusstheit.

Reagieren Sie auf Ärgernisse weder mit Flucht noch mit
Attacke, sondern mit Bewusstheit. Erheben Sie Ihr Bewusstsein in die Bewusstheit, so als würden Sie einen hohen Berg

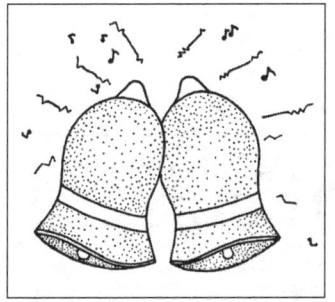 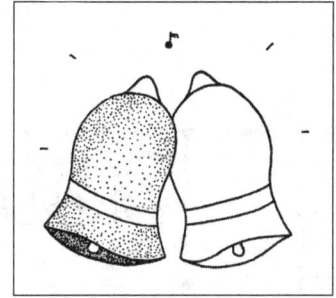

besteigen und von dort oben auf eine kleine Stadt sehen: Von oben sehen die Dinge ganz anders aus. Rennen Sie also im Krisenfall weder nach vorne (Aggression) noch nach hinten (Resignation), sondern nach »oben« (Bewusstsein). Also: »Nach oben bitte!«

Gleichnis 15: Nach innen rennen

Es war einmal, dass während einer Zen-Meditation ein Erdbeben ausbrach. Alle Schüler rannten ins Freie und flüchteten in panischer Angst. Als das Erdbeben vorbei war, kamen sie zurück und fanden ihren Zen-Meister noch genauso dasitzen, wie sie ihn verlassen hatten. Sie fragten ihn: »Warum bist du denn nicht mit uns weggerannt?« Der Zen-Meister antwortete: »Ich bin auch gerannt – aber nach innen.«

Die Ebene, die ich im anderen anspreche, antwortet

Ein deutsches Sprichwort lautet: Wie man in den Wald hineinruft, so schallt es heraus. Also: Zeigen Sie dem anderen Ihren keulenschwingenden Neandertaler, antwortet im anderen ebenfalls der keulenschwingende Neandertaler. Sprechen Sie im selben Menschen den Egoisten an, antwortet der Egoist. Sprechen Sie den Verstandesmenschen an, antwortet der Verstand im anderen. Und: Sprechen Sie die Bewusstheit an, antwortet die Bewusstheit.

Wir können die Resonanz-Beziehung zwischen zwei Menschen auch mit den Energiezentren im Körper vergleichen:

- Menschen haben eine sexuelle Beziehung miteinander, im Bild gekennzeichnet als die unterste Verbindung.
- Die emotionale Beziehung zweier Menschen finden wir im Bauch-zu-Bauch-Kontakt (zweite Welle von unten).
- Herzensbeziehungen hängen mit Liebe zusammen, im Bild gekennzeichnet durch die Herzwelle.
- Verbindungen im Ausdruck sind durch die Linie zwischen den beiden Hälsen gekennzeichnet.
- Die mentale Verbindung sehen Sie an der Kopf-zu-Kopf-Linie.
- Eine Verbindung in höchster Bewusstheit wird im Bild als Kontakt zwischen den kosmischen Ebenen beider Menschen (Licht über dem Kopf) dargestellt.

Der Wechsel zwischen den Bewusstseinsebenen funktioniert wie die verschiedenen Stationstasten bei einem Radio: Drü-

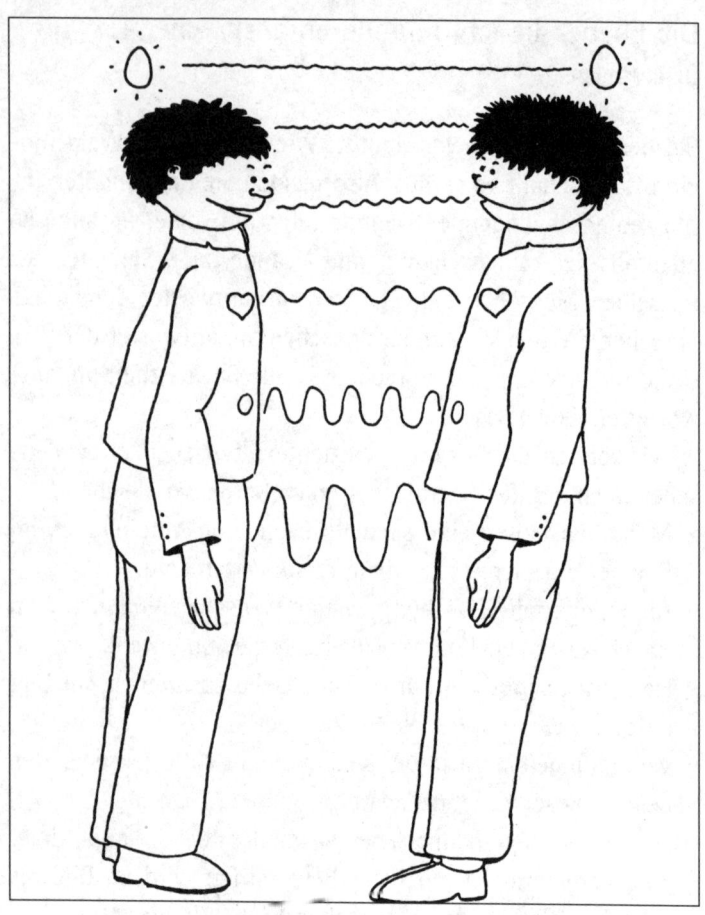

cken Sie auf UKW, empfangen Sie UKW, drücken Sie Mittelwel-
le, empfangen Sie einen Mittelwellensender, drücken Sie Lang-
welle, empfangen Sie auf der langen Welle. Alle anderen Wel-

len sind zwar noch vorhanden, aber Sie sind nicht in Resonanz damit. Im Bild unten sind folgende Frequenzen dargestellt:

- Ego
- Verstand
- Liebe
- Einsicht

Ich erhalte Hilfe vom »Kosmischen Kristall«

Wie Sie bereits erkannt haben, können Sie im anderen nur die Bewusstseinsebene ansprechen, in der Sie sich selbst befinden. Manche Menschen meinen, sie würden sich ein Leben lang in der gleichen Bewusstseinsebene befinden. Das stimmt aber nicht: Manchmal identifizieren wir uns mit dem Egoisten (im Winterschlussverkauf beim Gerangel um das letzte große Sonderangebot), mal mit dem Verstandesmenschen (in einer intellektuellen Diskussion), mal mit dem Magier (wenn wir eine schöne Frau betören wollen), mal mit dem Tier in uns (im Fußballstadion). Prüfen Sie also stets, in welcher Bewusstseinsebene Sie sich gerade befinden. Je bewusster die Ebene, desto größer Ihre Chance zur fruchtbaren Kommunikation.

Was ist nun die höchste Bewusstseinsebene, in der Sie sich befinden können? Die höchste Bewusstseinsebene erkennt in allem das Eine und die Essenz, die sich in dem wahren Selbst zeigt, das manche auch den »göttlichen Funken«, das Ewige in uns oder ähnlich nennen.

Versuchen Sie, dieser höchsten Bewusstseinsebene einen Namen zu geben. Sagen Sie: »Nehmen wir einmal an, es gäbe dich, wie sollte ich dich dann nennen?« Wählen Sie den Namen, der dann in Ihr Bewusstsein dringt. Sie können ihn Harlekin nennen oder auch den »Kosmischen Kristall«. »Kosmos« kommt aus dem Griechischen und bedeutet Ordnung. Das Wort Kristall erinnert daran, dass Christus in allem wohnt (statt Christus können Sie auch kosmische Ordnung, das höchste Prinzip, das Wunder der Natur sagen). Schließlich haben »Kristall« und »Christus« die gleiche griechische Wortwurzel. »Kosmischer Kristall« bedeutet also: In Ihnen ist das Licht, in Ihnen wohnt das Ewige, das Eine, so wie in jedem Menschen, in jeder Blume, in allem etwas ist. Fühlen Sie, wo sich Ihr Kosmischer Kristall befindet. Spüren Sie seine Ausstrahlung, sein Pulsieren, sein Leuchten und seine Liebe. Dieser Kosmische Kristall führt Sie durch Ihr Leben, wenn Sie es zulassen.

Übung: Machen Sie einen langen, bewussten Waldspaziergang, und spüren Sie die innere Führung durch Ihren Kosmischen Kristall.

Ihr Kosmischer Kristall ist Ihr ewiger Freund. Wann immer Sie einen negativen Gedanken spüren, machen Sie ihn Ihrem Kosmischen Kristall zum Geschenk. Spüren Sie, wie der Kosmische Kristall diesen negativen Gedanken aufnimmt, im Feuer der Liebe verbrennt, in einen Gedanken der Liebe umformt. Schenken Sie dem Kosmischen Kristall alle Eigenschaften, die Sie nicht mögen, alle Probleme und alle Sorgen, und lassen Sie all dies in Energie der Liebe umwandeln. Es kann sein, dass es einige Zeit dauert, bis Sie diesen Kosmischen Kristall in sich spüren, aber die Eingeweihten aller Zeiten bestätigen immer wieder: Es gibt ihn wirklich!

Im Bild auf Seite 188 wird der Kosmische Kristall als Licht-Ei über dem Kopf dargestellt, doch entscheidend für Sie ist es, wahrzunehmen, wo SIE ihn spüren.

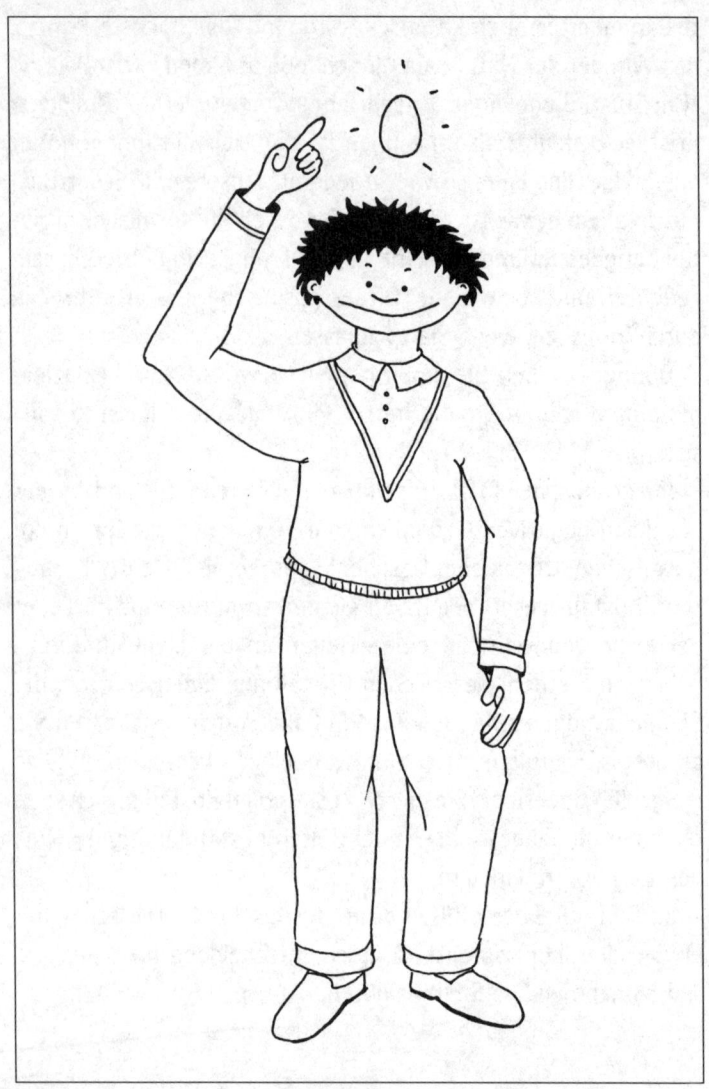

Ich funke über Satellit

Wenn Sie irgendwann in sich den Kosmischen Kristall spüren, wird es Ihnen leichter fallen, auch in Ihren Mitmenschen diesen Kosmischen Kristall zu erkennen. Es kann sein, dass der Kosmische Kristall bei dem einen oder anderen durch Gier, Ärger, negatives Denken oder Ähnliches verschüttet ist. Machen Sie sich nichts daraus, suchen Sie den Kosmischen Kristall, das Ewige, Vollendete erst einmal in den Menschen, bei denen es Ihnen leichter fällt. Nach und nach werden Sie sich immer weniger vom Schein irritieren lassen, hinter jeder Fassade den Kosmischen Kristall entdecken und dabei die ganze Schöpfung als einen großen Gedanken der Einen Kraft erkennen.

Sobald Sie den Kosmischen Kristall im anderen spüren, können Sie »über Satellit funken«, das heißt, Sie unterhalten sich gedanklich über Ihren Kosmischen Kristall mit dem Kosmischen Kristall des anderen. Wenn Ihnen das einige Male gelungen ist, werden Sie in schwierigen Situationen nie mehr mit dem Verstand des anderen, sondern nur noch mit seinem Kosmischen Kristall kommunizieren. Über Satellit zu funken ist eine innere Angelegenheit, sie hat nichts zu tun mit den Worten, die Sie sagen. Für Menschen, die sich in Disharmonie befinden, sind »heilige« Worte eher eine Provokation. Benutzen Sie stattdessen im Außen eine Sprache, die der andere versteht, aber funken Sie innerlich über Satellit. Freuen Sie sich daran, wie derselbe Mensch plötzlich auf einer ganz anderen Ebene antwortet. Lassen Sie eine völlig andere Art von Begegnung stattfinden, dabei können Wunder geschehen.

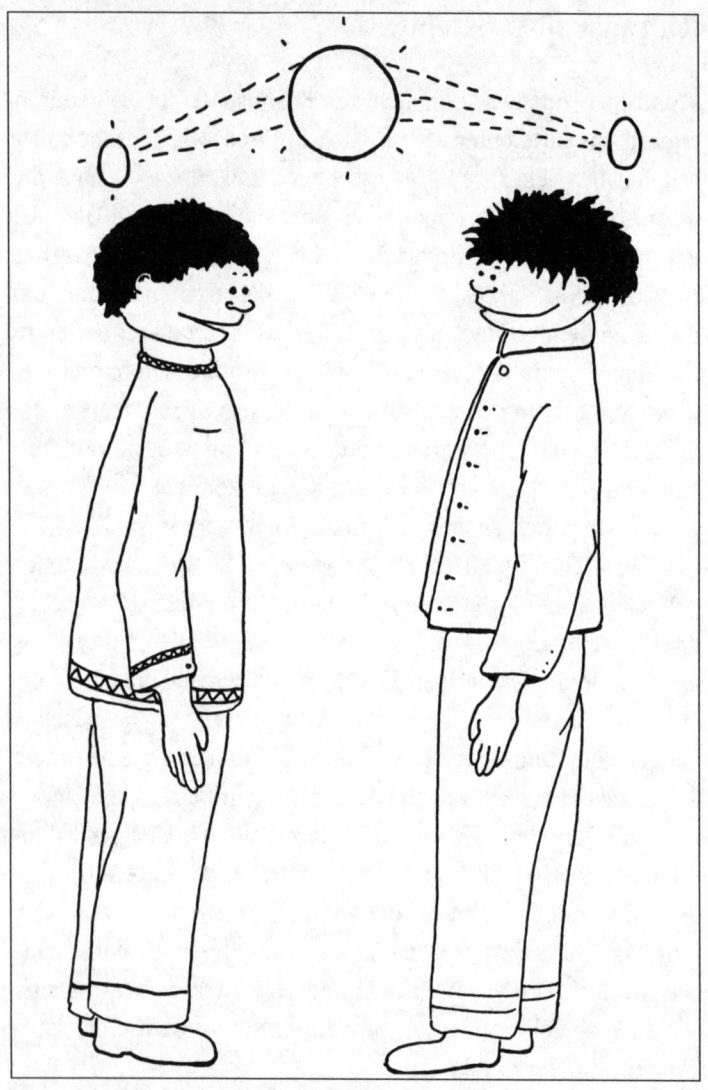

Paramahansa Yogananda berichtet in der »Autobiographie eines Yogi«, dass ein Mörder eine Waffe auf ihn richtete und ihn erschießen wollte. Yogananda »funkte über Satellit«, und unverzüglich legte der Mörder die Waffe weg und fiel vor ihm auf die Knie. Im Kontakt mit Ihrem Kosmischen Kristall brauchen Sie vor nichts und niemanden auf der Welt Angst zu haben.

Beispiel 59: Sie sitzen in der U-Bahn und beobachten, wie ein Rocker einen wehrlosen, alten Herrn anpöbelt. Wenn Sie den Rocker beschimpfen, würde das bedeuten, auf der Neandertalerebene zu antworten. In dem Fall müssten Sie erkennen, dass die Aggression des Rockers stärker ist als Ihre und dass er Sie fertigmacht. Besser ist es, Sie erheben Ihr Bewusstsein und entwickeln dabei Verständnis für den Rocker. Sicherlich hat er Probleme und ist auch nicht glücklich über seine angestaute Aggression.

Wenn Sie in Harmonie mit sich selbst sind, sprechen Sie ihn über Satellit an: »Entschuldigen Sie, mich geht das eigentlich nichts an, aber kann ich etwas für Sie tun?« Möglicherweise wird der Rocker seine Aggression nun auf Sie lenken. Jetzt geht es darum, dass Sie sich nicht auf den keulenschwingenden Neandertaler im Rocker einlassen, das heißt, der Aggression des Rockers nicht Ihre eigene Aggression entgegensetzen, sondern ihn furchtlos mit Ihrer Harmonie, Ihrer Klarheit und Ihrer Liebe konfrontieren, ihn so akzeptieren, wie er gerade ist, und – welche Worte Sie auch äußerlich finden mögen – innerlich auf der höchsten Bewusstseinsebene funken. (Anmerkung: Solchen »Lektionen« sollten Sie sich nur dann stellen, wenn Sie sich schon sehr sicher fühlen.)

Gleichnis 16: Die Freiheit eines Meisters

Drei Räuber schlichen hinter dem weisen Diogenes her, weil sie ihn überfallen und auf dem Sklavenmarkt verkaufen wollten. Diogenes entdeckte sie und erkannte sofort ihre Absichten: »Ihr wollt mich überfallen und auf dem Sklavenmarkt verkaufen? Das habe ich noch nie erlebt! Wunderbar – ihr bekommt Geld für mich, das macht euch glücklich, und ich weiß, dass mich niemand zum Sklaven machen kann. Folgt mir!«, sagte er zu den völlig verdutzten Räubern. Die Räuber waren zwar zu dritt, trotzdem bekamen sie Angst, denn dieser seltsame Mann schien gefährlich zu sein, zumindest aber verrückt. Warum sollte sich Diogenes so sehr freuen, wo er in ihren Augen doch gar keinen Grund zur Freude hatte?

Diogenes ging ihnen voraus wie ein Kaiser, und sie folgten ihm wie Sklaven. Auf dem Marktplatz sprang er auf die Sklaven-Tribüne und rief: »Hört zu!« Sofort wurde es rundherum still. Diogenes sprach: »Zum ersten Mal wird ein Meister verkauft. Jeder von euch kann einen Sklaven erwerben, aber denkt daran, ihr kauft einen Meister!« Ein reicher Mann begeisterte sich für diese Idee und fragte: »Wem gehörst du?« Diogenes antwortete: »Natürlich gehöre ich nur mir selbst, und niemand kann mich besitzen! Ich habe aber drei Dieben versprochen, dass sie Geld für mich bekommen, gebt ihnen das Geld, sie verstecken sich dort drüben.« Der reiche Mann entgegnete: »Ich nehme dich – aber nicht als Sklave, sondern als Meister. Ich möchte dein Schüler werden, und du sollst alles haben, was dein Herz begehrt.« [21]

Wer in seinem Inneren ein Meister ist, den kann niemand mehr zum Sklaven machen.

Ich schaue nur noch, wo *ich* stehe, nicht, wo die anderen stehen

Der Unterschied zwischen einem Meister des Lebens und einem Sklaven der Umstände ist wie der Unterschied zwischen Licht und Lichtspiegelung. Manche Menschen sind wie die Lichtspiegelung, die nur erscheint, wenn sie von der Sonne hervorgerufen wird. Sie sind Sklaven von Kritik und Lob, Ärger und Freude. Sie sind abhängig und beeinflussbar.

Ein bewusster Mensch dagegen ist sich selbst verpflichtet. Er lebt in innerer Freiheit, wie auch immer die äußeren Umstände sind. Er lebt in Dankbarkeit für alles, was ihm das Leben schenkt. Sobald Sie hinter allem »das Eine« sehen und mit dem Meister in Ihnen verbunden sind, verfügen Sie über diese Freiheit.

Übung 6

1. Setzen Sie sich Ihrem Partner gegenüber. Schließen Sie Ihre Augen. Machen Sie gemeinsam einige tiefe Atemzüge, und atmen Sie jeweils laut seufzend aus. Dann öffnen Sie die Augen und nehmen Ihren Partner mit dem Herzen wahr. Sagen Sie Ihrem Partner fünf Minuten lang, welche positiven Ei-

genschaften Sie in ihm vermuten – gleich, ob sie richtig oder falsch sind. Ihr Partner spürt in sich seine Resonanz zu diesen Eigenschaften, erschafft sie in sich und antwortet mit: »Danke!« Dann wechseln Sie die Rollen. Danach tauschen Sie sich über das Ergebnis aus.

2. Suchen Sie sich im Alltag einen Menschen, den Sie ab jetzt zu einer ganz bestimmten Öffnung befähigen werden. Beobachten Sie, was passiert!

3. Werden Sie sich morgens nach dem Aufstehen Ihres Kosmischen Kristalls bewusst: Wie stellen Sie sich ihn vor? Wie sieht er aus? Stellen Sie sich so lange Fragen zum Kosmischen Kristall, bis Sie ihn deutlich spüren. Vertrauen Sie den ganzen Tag über der Führung durch den Kosmischen Kristall.

4. Üben Sie drei Wochen lang, jeden Tag bewusst bei einer Person Ihrer Wahl über Satellit zu funken, und beobachten Sie, was geschieht.

5. Notieren Sie Ihre Erfolgserlebnisse im Befähigen und im Über-Satellit-Funken – gleich, ob Sie »Empfänger« oder »Sender« waren.

7. KAPITEL

Ich lebe im Einklang mit mir selbst

Ich tue, was mich stärkt, und lasse, was mich schwächt

Niemand würde es dulden, wenn ein Fremder einen Eimer Jauche über seinen Wohnzimmerteppich gießt. Wer wahllos Zeitungsartikel, Fernsehbilder, Reklame usw. in sich hineinstopft, tut sich aber genau das an. Um ein bisschen Zerstreuung zu erhaschen, betrügt er sich um seine Klarheit und seinen inneren Frieden. Schon in 15 Minuten Tagesschau wirken gewaltigere Informationen auf uns ein als auf unsere Vorfahren vor hundert Jahren in einem ganzen Leben. Also: Lassen Sie sich nicht berieseln. Wir sind heute mit mehr äußerlichen Reizen konfrontiert, als wir verkraften können. Wählen Sie Ihre Außen-

reize bewusst aus, und beobachten Sie, wie Sie sich bei bestimmten Einflüssen fühlen. Keiner kann Ihnen sagen, was für Sie gut ist. Probieren Sie selbst aus, welche Außenreize Ihnen guttun und welche Ihnen schaden. Alten Schund sollten Sie entsorgen.

Ich lasse immer Raum für Bewusstheit

Die Hirnforschung zeigt, dass alles, was Sie sehen, hören, schmecken, riechen und fühlen, auch Film, Funk oder Fernsehen, von Ihren Sinnen aufgenommen und an das Gehirn weitergeleitet wird. Wenn Sie unbewusst sind, sucht dieser Eindruck (Reiz) einen Erfahrungswert aus der Vergangenheit und vergleicht ihn mit diesem. Diese Erfahrungswerte sind in Molekularstrukturen gespeichert. Auf der Suche nach einem ähnlichen Erfahrungswert durchläuft der Reiz Assoziationsbahnen (assoziieren = Gleichbedeutendes finden). Sobald Ihr Gehirn diesen Reiz interpretiert (zugeordnet) hat, erfolgt eine automatische Reaktion – also: Außenreiz – Interpretation – Reaktion.

Ein Beispiel: Sie sind als Kind einmal von einem ausländischen Jungen geschlagen worden (Erfahrungswert). Sie sehen wieder einen Ausländer, erinnern sich unbewusst an das damalige Erlebnis (Interpretation), und Angst steigt in Ihnen auf (Reaktion). Nur wenn Sie bewusst sind, erkennen Sie, dass Ihre jetzige Angst nur ein »mind trip« (eine Gedanken-Fata-Morgana) ist. Deshalb ist Bewusstheit im Alltag so wichtig.

Tipp: Reduzieren Sie die Außenreize, die Sie in sich aufnehmen, so weit wie möglich, damit immer mehr Raum für Meditation und Bewusstheit bleibt.

Fahren Sie zweispurig: Zum einen werden Sie immer mehr bewusst, zum anderen sorgen Sie dafür, dass es Ihnen gut geht, auch wenn Sie einmal unbewusst sind. Je öfter und gezielter Sie ausgewählte positive Außenreize wählen, umso breiter und sauberer werden die Assoziationsbahnen, und Ihre positiven Denkstraßen werden zu positiven Schnellstraßen. Suchen Sie sich deshalb Außenreize, die Sie wirklich aufbauen.

Ich nutze die Kraft des inneren Lächelns

Lächeln heilt. Prof. Diamond demonstriert in seinem Buch »Der Körper lügt nicht«, wie sehr Lächeln den Körper stärkt. Auch der Tao-Meister Mantak Chia widmete sich in seinen Seminaren der Kraft des inneren Lächelns. Wenn Sie Ihrem Körper etwas Gutes tun wollen, lächeln Sie in eine Körperregion nach der anderen hinein. Lächeln Sie auch in die Stellen, in denen eventuell Emotionen festsitzen. Ihr ganzer Organismus, Ihre Vitalität und Ihr allgemeines Wohlbefinden werden es Ihnen danken.

Ich nutze Stimmungen als Orientierungshilfen

Im ersten Kapitel haben Sie erfahren, dass Handlungsimpulse zu ganz bestimmten Handlungen motivieren. Wenn Sie diesen Handlungsimpulsen aus purem Egoismus nicht folgen, entsteht unnötiger Ärger. Das Ego ärgert sich lieber, anstatt konstruktiv zu handeln. Solange Sie sich ärgern, können Sie andere beschuldigen, und das ist manchmal sehr bequem, aber nicht hilfreich. Es liegt an Ihnen, ob Sie auf einen Handlungsimpuls mit Ärger oder mit Erkenntnis reagieren. Konzentrieren Sie sich auf die Aufforderung, die im Ärgernis liegt, und handeln Sie konsequent. Sie können entweder an der ärgerlichen Situation oder an Ihrer Einstellung zu dieser Situation arbeiten.

Was erwartet das Leben von mir jetzt?

Wenn Sie ein Handlungsimpuls zu konsequentem Handeln aufruft, dann schauen Sie nach vorne und nicht zurück. Jede Sekunde Ihres Lebens, jede einzelne Situation ist eine Kreuzung: Sie können nach rechts oder nach links, nach hinten oder nach vorne schauen. Wenn Sie wirklich glücklich sein wollen, schauen Sie im Falle von Ärger nicht zurück. Beschäftigen Sie sich nicht zu sehr mit der Vergangenheit und mit »mind trips« (Gedankenspielen). Wer sich umdreht, erstarrt zwar nicht zur Salzsäule, aber er hindert sich daran, im Jetzt bewusst zu denken und zu handeln. Also: Lernen Sie, nach vorne statt zurück zu denken, lernen Sie, konstruktiv zu denken.

Schauen Sie auch nicht nach rechts und nach links, also urteilen und bewerten Sie nicht. Jede psychologische Bewertung führt Sie in eine unproduktive Seitenstraße. Wer urteilt, streckt seine Hände aus für Krankheit und Leid. Nur wer nach vorne schaut, kommt weiter. Nur wer zur Einsicht kommt (Einsicht = hinter allem das Eine sehen), kommt auf direktem Weg zum Ziel. Das Symbol für Einheit, Einsicht, Konstruktivität sind die aneinandergelegten Hände (wie beim Gebet oder beim »Namaste«, der fernöstlichen Begrüßungsform). Fragen Sie sich: »Was erwartet das Leben von mir jetzt?«

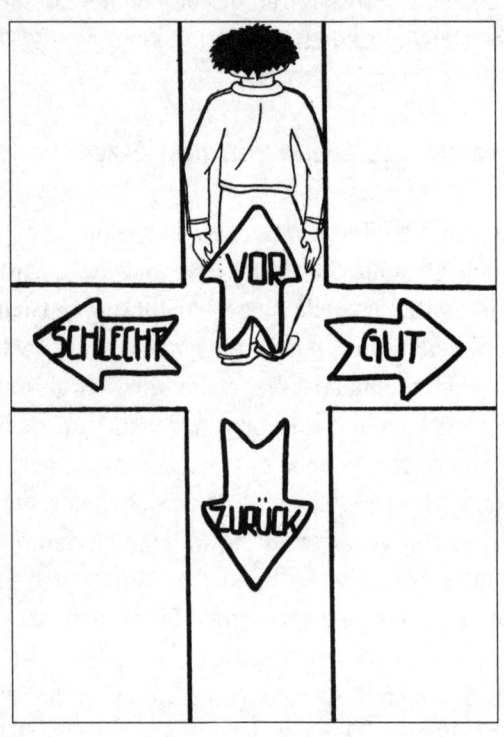

Drei Wege, mit (Ver)Stimmungen umzugehen

Eine Verstimmung ist nichts anderes als eine Energie, die in Ihnen eine negative Assoziationsbahn findet. Wenn Sie verstimmt sind, haben Sie die Wahl, mit folgenden drei Möglichkeiten umzugehen:

1. Sie verdrängen die negative Energie durch Zerstreuung, Essen, Fernsehen, Internet usw. In diesem Fall wird die negative Energie eingekapselt. Das ständige Einkapseln kostet Sie einen großen Teil Ihrer Vitalenergie. Außerdem müssen Sie damit rechnen, dass sich diese Energie in einem unpassenden Augenblick entlädt (Dampfkesseleffekt). Verdrängung ist also die ungesündeste Methode.

2. Sie schütteln die negative Energie durch Tanzen, Squash, Body Kombat, Urschrei oder Ähnliches weg (siehe erstes Kapitel). In dem Fall stellen Sie sicher, dass die negative Energie nicht aktiv werden kann. Sie sind jetzt wieder leer, und es liegt an Ihnen, ob Sie sich an der nächsten Straßenecke positiv oder negativ aufladen.

3. Sie transformieren die negative Energie in reine positive Vitalenergie. Das ist der königliche Weg. Das ist Ihr Weg zu einem geistigen Atomkraftwerk, zur Superstar-Energie, der königliche Weg der »Bhakti-Meditation«.

Was ist Meditation, und wofür ist sie gut?

Die Meditation ist verwandt mit autogenem Training, das bei uns inzwischen gesellschaftsfähig ist, sie geht allerdings wesentlich darüber hinaus. Bei der Meditation (lat. = in die Mitte gehen) beobachtet man, was in sich geschieht. Es gibt so viele Arten, zu meditieren, wie es Menschen gibt, und jeder sollte selbst seine ureigene Art finden. Man kann den Atem, die Gedanken, den Herzschlag beobachten, man kann wahrnehmen, wie es einem geht, während man ein Mantra oder ein Gebet intoniert, man kann den Kosmischen Ton hören.

Wer naturverbunden ist, sitzt vielleicht lieber am Meer, schließt die Augen und fühlt, wie er sich mit den Wogen vereint. Ein anderer meditiert im Wohnzimmer zu Barockmusik von Bach. Meditieren kann man im stillen Kämmerlein, aber auch im Freien. Es gibt keine richtige und keine falsche Art zu meditieren. Wichtig ist nur, dass man das, was man tut, bewusst tut, sich also nicht ablenken lässt durch irgendwelche Gedanken oder Außenreize. Alles, was Sie bewusst macht, was Sie zu Ihrem wahren Selbst führt, ist in Ordnung.

Erste Anleitungen zur Meditation bekommt man in Meditationsschulen. Es gibt aber auch CDs, die Sie in die Meditation einführen. Einen leichten Einstieg in die Meditation vermitteln zum Beispiel die CDs »Mentaltraining«, »Fantasiereisen« oder »Kundalini-Meditation«. Probieren Sie, welche Form Ihnen am meisten Spaß macht, aber bleiben Sie mindestens drei Wochen bei der gewählten Form – erfahrungsgemäß dauert es so lange, bis sich Erfolge einstellen.

A. R. Stielau Pallas aus Neuseeland beschreibt die Erfahrungen mit Meditation in seinem Buch »Der Sinn des Erfolges« wie folgt:

»Durch Meditation bekommst du Abstand von Ärgernissen, Problemen und Sorgen des Tages. Wie sehr belasten dich die Sorgen und Probleme eines Menschen, der neben dir in der Straßenbahn steht? Überhaupt nicht! Gut! Stell dir einmal vor, du könntest in der Meditation aus dem, was du für dein Selbst hältst, aussteigen, dich daneben stellen und dir zuschauen – so wie ein Nachbar in der Straßenbahn: Kannst du dir vorstellen, in dieser Zeit unglaublich ruhig, glücklich und ausgeglichen zu sein? Es ist nicht so, dass du denken musst: »Ich mache mir etwas vor«, sondern du stehst wirklich daneben und denkst: »Wie kann der nur so blöd sein, sich solche Gedanken zu machen?« Du wirst merken, dass du bisher nur einen kleinen Teil deines Lebens, deiner Persönlichkeit und deiner Möglichkeiten erkannt und genutzt hast. Meditation führt zu der Erkenntnis, dass du einen göttlichen Funken in dir trägst, der dich leitet, inspiriert und aufbaut. Meditation bringt Ruhe, Übersicht und Sicherheit bei getroffenen Entscheidungen. Inzwischen erkennen immer mehr Prominente und erfolgreiche Geschäftsleute, dass Meditation der Grund für ihren Erfolg ist. Meditation kostet keine Zeit, sondern bringt Zeit. Meditation macht die Erfolgreichen erfolgreicher.«

Erfahrungen eines Seminarteilnehmers mit Meditation

»Die erste Erfahrung mit einer Art von Meditation hatte ich als Vertriebsmanager einer Immobilienfirma. Mein Arzt hatte mir wegen beruflichem Stress und Ärger dringend geraten, es mit autogenem Training zu versuchen. Ich besuchte einen Kurs bei einer befreundeten Psychologin. In der ersten Stunde konnte ich mit dem Training nicht viel anfangen, aber ich ahnte, dass da ein großes Geheimnis auf mich wartete, und machte täglich die von der Kursleiterin empfohlenen Übungen. Autogenes Training veränderte damals mein Leben – ich lernte, mich zu jeder Zeit ›ruhig zu stellen‹, wurde im Alltag gelassener und souveräner.

Dann lernte ich einen Meditationslehrer kennen, der mir die Zen-Meditation beibrachte. Bei ihr kommt es darauf an (so hatte ich damals Zen verstanden), eine Stunde lang bewegungslos zu sitzen und nichts zu tun, gleich, was geschieht. Nach einigen Stunden fand ich das Ganze zu blöd, und ich hörte mit dieser Methode bald wieder auf.

Einige Zeit später hielt ich einen Prospekt über Suggestionskassetten in den Händen. Ich bestellte eine Kassette zur Überwindung von Angst. Der Prospekt versprach: ›Wenn Sie diese Kassette jeden Abend beim Einschlafen hören, werden Sie am nächsten Tag frisch und gut gelaunt aufwachen und darüber hinaus Ihre Angst mehr und mehr loslassen – egal, ob Sie den Text bewusst hören oder dabei einschlafen.‹ Für mich begann eine traumhafte Zeit. Bald begegnete ich jemandem, der mir die Meditationsmethode ›Fantasiereisen‹ zeigte, und ich lernte, mir mit geschlossenen Augen jede erwünschte Landschaft vorzustellen. Nach einigem Üben konnte ich in einer 30-minütigen Meditationssitzung auf ›geistigen Kurzurlaub in die Karibik‹ gehen und dort sogar alte Kindheitstraumata aufarbeiten.

Nachdem ich gelernt hatte, durch die Schüttelmeditation und ähnliche Bewegungsmeditationen den Körper in die Entspannung einzubeziehen, gewann ich Freude daran, Meditation mit Yoga und Übungen von Moshe Feldenkrais zu verbinden. Bald darauf hörte ich von einer Methode, mit Meditation das Schicksal zu steuern. Ich lernte durch Mentaltraining (Methode Tepperwein), die Erfolgsspirale in Gang zu setzen und meine Gedanken zu einem Gedankenlaser zu bündeln. Dann hörte ich von der Möglichkeit, in der Meditation die innere Stimme um Rat zu fragen. Ich lernte Mentaltraining für Fortgeschrittene und hatte von da an einen treuen und zuverlässigen Ratgeber für alle Fragen des täglichen Lebens.

Nach einiger Zeit antwortete mir meine innere Stimme wie auf Knopfdruck in fast jeder Situation – ohne die lange Anlaufzeit einer Meditation. Seitdem mische ich meine Meditationsformen nach Tageslaune, bevorzuge allerdings die Zen-Meditation. Ich habe viel Spaß mit Zen, der Meditation, von der ich einige Jahre zuvor gedacht hatte, sie sei Zeitverschwendung.«

Machen Sie genau die Meditation, die Ihnen Spaß macht, und meditieren Sie so, dass es Ihnen Spaß macht. Versuchen Sie nicht, eine Stufe zu überspringen – spiritueller Ehrgeiz verdirbt Ihnen nur die Freude an etwas so Schönem wie Meditation. Wie sagte schon die Schildkröte Cassiopaia zu Momo in dem bekannten Buch von Michael Ende: ›Je langsamer, umso schneller‹.«

Die Bhakti-Meditation

Fühlen Sie sich gerade schlecht? Prima, eine ausgezeichnete Gelegenheit für eine Bhakti-Meditation! Danach wird es Ihnen wieder gut gehen. Geht es Ihnen gerade gut? Klasse! Machen Sie eine Bhakti-Meditation, und Ihnen geht es noch besser. Die Bhakti-Meditation ist Ihr persönlicher Stimmungs-Transformator. Sie wandelt jede Stimmung ins Positive und verstärkt positive Stimmung noch mehr! Die Bhakti-Meditation ist eine Methode, mit deren Hilfe Sie negative Gefühle, Stimmungen und – sinngemäß angewendet – Schmerzen, Triebe, Neigungen, Laster, Krankheiten, sogar Vergangenheitstraumata loslassen können. Wenn das Leben Sie zum Beispiel mit einer speziellen Erinnerung aus der Vergangenheit konfrontiert, verdrängen Sie nicht, sondern schauen Sie es sich bewusst und wertfrei an, machen Sie einfach eine Bhakti-Meditation. Aber merken Sie sich: Sie müssen die Vergangenheit nicht durchwühlen wie ein Maulwurf. Im Normalfall reicht es, die Gegenwart zu meistern. Die Bhakti-Meditation baut auf den Kapiteln 5 (Liebe), 6 (Bewusstsein) und 7 (Abschnitt über das Lächeln beziehungsweise Lachen) auf.

Was heißt Bhakti? Der Name Bhakti kommt aus Indien und bedeutet: Bedingungslose Hingabe an die universelle Kraft. Bhakti-Yoga ist das Yoga der Hingabe und der All-Liebe, des

All-Segnens! Der Bhakti segnet jede Stimmung, jeden Menschen, jedes Ereignis bedingungslos und mit gleicher Gültigkeit, so wie die Sonne mit gleicher Gültigkeit für den Mörder wie für den Heiligen scheint und uns alle mit ihrem Licht segnet.

Der Begriff »Segnen« wird häufig missverstanden. Segnen bedeutet einfach nur, dem, den man segnet, ehrlichen Herzens alles Gute zu wünschen und in ihm das Prinzip der Vollkommenheit, das heißt den göttlichen Funken zu erkennen. Das Gesetz der Resonanz gilt auch für das Segnen: Alles, was Sie ehrlichen Herzens segnen, wird Ihnen zum Segen werden. Segnen kann man einen Menschen, ein Tier, eine Pflanze, eine Situation, eine Stimmung, ein Problem oder auch die Vergangenheit. Wenn Sie dazu bereit sind, segnen Sie alle, die Sie jemals geärgert haben. Segnen ist die unabdingbare Voraussetzung für die eigene geistige und körperliche Gesundheit.

Die vier Schritte der Bhakti-Meditation ergeben den »goldenen Schlüssel« ALLES SEGNEN:

1. A = Absichtslos anschauen, was (los) ist
2. LL = Lieben oder lachen
3. E = Erkennen und handeln
4. S = Segnen, loslassen, die Eine Kraft lassen

Äußere Vorbereitungen der Bhakti-Meditation

Suchen Sie sich einen Ort, an dem Sie eine Stunde lang ungestört sind. Schließen Sie Ihre Tür zu, hängen Sie ein Schild »Bitte nicht stören« vor die Tür, stellen Sie das Telefon leise.

Wenn Sie sich noch nicht in der Verfassung fühlen, zu meditieren, dann stimmen Sie sich ein durch eine aufbauende Text- oder Seminarkassette, durch bewusstes Atmen oder Ähnliches. Dann bringen Sie durch geeignete Körperübungen die Körperenergie zum Fließen, bis Sie »innen« weich sind. Machen oder summen Sie zum Beispiel Yoga-Übungen.

Jetzt können Sie die Bhakti-Meditation auf zwei Arten ausführen. Im Normalfall machen Sie die Bhakti-Meditation als »richtige« Meditation, das heißt, Sie setzen sich mit gerader Wirbelsäule auf ein Kissen oder einen Stuhl, stellen den Wecker auf eine Stunde (wenn Sie genau sein möchten, auf 4 x 15 Minuten), wählen gegebenenfalls eine entsprechende Entspannungsmusik zu jeder Phase und bleiben gerade sitzen, gleich, was um Sie herum geschieht.

Wenn Sie allerdings an einem schwer wiegenden Symptom leiden (Schmerz, Verstimmung, Erlebnis), kann es sein, dass Sie sich zu dieser Disziplin nicht in der Lage fühlen. In diesem Fall

 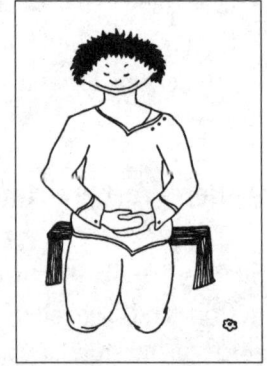

quälen Sie sich nicht, sondern machen die folgenden vier Phasen nur als geistige Übung: Setzen oder legen Sie sich hin, wie Sie möchten, gehen Sie spazieren, tun Sie, was Ihnen guttut, aber richten Sie Ihre Aufmerksamkeit nach innen, und machen Sie sich nacheinander die vier Grundenergien der Bhakti-Meditation bewusst. Wenn Sie geübt sind, können Sie diese Meditation an jedem Ort, zu jeder Zeit und sogar im Beisein anderer machen, ohne dass die anderen etwas davon merken. Verlassen Sie die stürmische Brandung und gehen Sie in die Tiefe.

Phase 1: Absichtslos anschauen, was ist

In der ersten Phase geht es darum, Ihre Stimmung wie ein neutraler Wissenschaftler (»Professor Haber experimentiert«) zu beobachten. Wenn Sie gerne mit Musik meditieren, empfiehlt sich für diese Phase eine typische »Zen-Musik« (z. B. »Klangschalen-Meditation« oder Musik mit der japanischen Bambusflöte, Sukihachi). Bewerten Sie nicht, was auch immer geschieht. Machen Sie sich Ihre Stimmung einfach nur bewusst.

Stimmungen haben eine seltsame Eigenschaft: Laufen Sie davor weg, werden sie groß und mächtig. Stellen Sie sich ihnen, werden sie sofort klein und verschwinden. Keine Stimmung hält dem Scheinwerfer Ihres Bewusstseins stand. Gehen Sie also nach innen, zurück zur Quelle, zum Ursprung, und kommen dem Geheimnis Ihrer Stimmung auf die Spur. Schauen Sie sich Ihr Lebensgefühl bewusst an: Starren Sie – am besten mit aufrechter Wirbelsäule – auf einen beliebigen Punkt – am besten auf eine weiße Wand. Dann schließen Sie die Augen zur Hälfte, sodass Sie blinzeln, senken den Blick zum Boden oder schließen die Augen ganz. Beobachten Sie Ihr Gefühl wie ein objektiver Zeuge.

Tun Sie nichts gegen die Stimmung, schauen Sie einfach nur völlig absichtslos zu. Sobald Sie etwas gegen eine Stimmung unternehmen, geben Sie ihr nur negative Energie, und die Stimmung wird schlimmer. Also: Nehmen Sie einfach wertfrei wahr, was los ist, und bleiben Sie sitzen, was immer geschieht. Vielleicht wird Ihre negative Stimmung erst einmal stärker. Das ist aber nur ein letztes Aufflackern. Haben Sie das Vertrauen, durchzuhalten. Bleiben Sie also sitzen, gleich, was geschieht, und sehen Sie zu, wie die Stimmung ganz von selbst dahinschmilzt wie Eis in der Sonne.

Beobachten Sie wie ein neutraler Zeuge, welche Bilder, Gedanken und Assoziationen in Ihnen auftauchen. Schweifen Sie nicht ab, auch wenn das Gefühl verschwindet. Es kann sein, dass Sie von anderen Gedanken abgelenkt werden. Sobald Sie das bemerken, sagen Sie zu dem ablenkenden Gedanken: »Jetzt nicht, jetzt beobachte ich meine Stimmung.« Dann richten Sie Ihre Aufmerksamkeit wieder nach innen und fragen sich:

• Welche Gefühle kann ich wahrnehmen?
• Wie fühle ich mich?
• Wie mache ich dieses Gefühl?

Du kannst nicht tiefer fallen als in Gottes Hand.

Phase 2: Lieben oder lachen

In der zweiten Phase schließen Sie die Augen ganz. Wenn Sie gerne mit Musik meditieren, empfiehlt sich für diese Phase eine harmonische Meditationsmusik [22]. In der zweiten Phase geht es darum, das »tantrische Phänomen« zu entdecken, das Eingeweihten des Tantra schon seit Jahrtausenden bekannt ist. Es besagt:

»Liebst du etwas, und es ist schlecht, wird es durch deine Liebe automatisch gut. Liebst du etwas, und es ist gut, wird es durch deine Liebe noch besser.«

Liebe heilt alles, was sie berührt. Und wenn Sie etwas nicht lieben können, dann lachen Sie darüber. Eine deutsche Volksweisheit lautet: »Lachen ist die beste Medizin.« In jeder Lebenssituation haben Sie die Freiheit, zu lachen. Unser Dasein ist im

Hinblick auf den unendlichen Kosmos zu bedeutungslos, um es ernst zu nehmen. In jeder Situation ist ein Grund zum Lachen versteckt. Entscheiden Sie sich also zu Beginn oder auch in der Mitte der zweiten Phase, ob Sie Ihre Stimmung lieben oder darüber lachen wollen.

Sortieren Sie also Ihre geistigen Schubladen um: von »erfreulich« und »unerfreulich« in »liebenswert« und »lachenswert«. Hüllen Sie Ihre Stimmung in Liebe ein. Geht das nicht, dann hüllen Sie sie in Lachen ein. Lachen Sie über sich selbst, über die Stimmung und alles, was sonst noch ist. Über das Lachen kommen Sie dann »auf dem Umweg« doch wieder in die Liebe. Beobachten Sie als wertfreier Zeuge, was geschieht, während Sie Ihre Stimmung, alle Gedanken, alles was Sie beschäftigt, in Liebe oder Lachen einwickeln. Fragen Sie sich immer wieder:

- Wofür kann ich die Stimmung lieben?
- Wofür kann ich mich lieben?
- Worüber kann ich jetzt lachen?

Phase 3: Erkennen und handeln

In der dritten Phase geht es darum, mit Hilfe Ihrer Intuition die Botschaft zu erkennen, die Ihnen die Stimmung vermitteln will. Wenn Sie gerne mit Musik meditieren, empfiehlt sich für die dritte Phase eine tragende Meditationsmusik, die die Intuition anregt [23].

Im Wort »Stimmung« verbirgt sich das Wort »Stimme«. Ihr Körper ist ein Wunderwerk an Harmonie. Gefühle kommen nicht zufällig, jede Stimmung ist ein Botschafter, der Ihnen als Handlungsimpuls geschickt wurde, um Sie zu einem ganz bestimmten Tun, Dulden oder Unterlassen aufzufordern. Stimmungen sollen Ihnen also nicht schaden, sondern Ihnen dienen, so wie die aufleuchtende Ölkontrolllampe am Auto Ihnen als Warnsignal dient. Stimmungen sind nicht böse, sondern Aufforderungen, etwas zu ändern, um größeren Schaden zu vermeiden. Solange Sie die Botschaft überhören, kommt die Stimmung immer wieder, denn: Wer Unübersehbares übersieht und Unüberhörbares überhört, der darf sich nicht wundern, wenn ihm eines Tages Hören und Sehen vergeht.

Hören Sie also auf Ihre Stimmung, und erkennen Sie, was sie zu sagen hat. Wenn Sie visuell veranlagt sind, stellen Sie sich diese vielleicht als eine Person vor. Wie sieht sie aus?

Ist sie groß oder klein? Männlich oder weiblich? Alt oder jung? Geben Sie ihr einen Namen (zum Beispiel Herr Ärger oder Knuffi), und laden Sie sie geistig auf einem Barhocker zu einem kleinen Plausch ein. Benutzen Sie Ihre Intuition. Wenn es Ihnen schwerfällt, mit Ihrer Stimmung gedanklich zu reden, versuchen Sie es mit der Übung »Wechselstuhl«. Legen Sie zwei Kissen gegenüber. Stellen Sie sich vor, auf dem einen Kissen sitzt Ihre Stimmung. Setzen Sie sich auf das andere Kissen, und fragen Sie diese Stimmung: »Knuffi, was ist deine Botschaft für mich?« Dann setzen Sie sich auf das Kissen gegenüber und stellen sich vor, Sie sind »Knuffi« (also die Stimmung) und lassen »Knuffi« durch sich antworten. Wechseln Sie die Plätze so lange, bis Sie die Botschaft der Stimmung erkannt haben.

Beispiel 60: Sie haben Kopfschmerzen und fühlen sich niedergeschlagen. Sie fragen: »Knuffi, was ist los, was machst du da mit mir?« Als »Knuffi« antworten Sie: »Ich ärgere mich, weil du deinem Körper immer so wenig Vergnügen gönnst.« Sie könnten antworten: »Ja, aber ich muss doch so viel arbeiten.« Daraufhin sagt »Knuffi«: »Damit ruinierst du deinen Körper, und damit das nicht geschieht, bin ich auf den Plan getreten. Wer gut arbeitet, hat auch das Recht – und die Pflicht –, sich zu entspannen. Also, was machen wir jetzt?« Sie schlagen einen Kompromiss vor: »Werktags arbeite ich wie bisher, aber am Wochenende gehe ich in die Natur. Bist du damit einverstanden? »Knuffi« sagt: »Okay.« Dann halten Sie sich aber konsequent an das Erkannte.

Benutzen Sie für die dritte Phase folgende Fragen:
- Was willst du (die Stimmung) mir günstigenfalls signalisieren?
- Was willst du für mich tun?
- Was erwartet das Leben von mir jetzt?

Phase 4: Segnen, loslassen, die universelle Energie zulassen

In der vierten Phase geht es darum, die Stimmung loszulassen und sich der universellen Energie zuzuwenden. Wenn Sie gerne mit Musik meditieren, empfiehlt sich für die vierte Phase eine Musik, die Sie mit der universellen Energie in Kontakt bringt [24].

Die Stimmung hat Ihnen eine wertvolle Erkenntnis verschafft. Sie werden das Erkannte in die Tat umsetzen, die Negativität ist überflüssig geworden. Sie können die Stimmung jetzt absegnen und loslassen. Machen Sie sich bewusst, durch wie viele Stimmungen Sie schon hindurchgegangen sind. Stimmungen wechseln wie Wolken am Himmel, wenn Sie sie nicht festhalten.

Segnen ist keine Frage eines Rituals, sondern bedeutet einfach, positive Energie fließen zu lassen. Segnen Sie Ihre Stimmung, sich selbst, jeden Menschen, der Ihnen in den Sinn kommt. Wenden Sie sich bewusst der »Einen Kraft« zu, und lassen Sie sich überraschen, wie diese alle Probleme löst. Machen Sie Ihre Stimmung, alle Gedanken, alle Sorgen der Einen Kraft zum Geschenk. Spüren Sie Ihre Sehnsucht nach der Einen Kraft wie eine Rose, die sich endlich traut, zu blühen. Lassen Sie sich von der Einen Kraft entzünden, so wie ein Streichholz eine Kerze entzündet. Setzen Sie eine Brille mit »Universelle-Energie-Tönung« auf: Sehen, hören, schmecken, fühlen Sie die Eine Kraft, die universelle Energie, Gott (oder wie immer Sie es nennen wollen) in allem, was ist. Lassen Sie die Eine Kraft Ihr einziger Gedanke sein. Danken Sie der Einen Kraft dafür, dass sie Ihnen die Kraft gegeben hat, sich ihr zuzuwenden. Alles geht vorüber, nur die Eine Kraft, der göttliche Funken/kosmische Kristall in Ihnen ist ewig. Geben Sie sich dem hin. Fragen Sie sich mit offenem Herzen:

- Welches Gefühl mag danach kommen?
- Wie kann ich der Einen Kraft in mir Platz schaffen?
- Wen und was kann ich jetzt segnen?
- Was will ich jetzt wirklich erleben?

Ein guter Tipp bei Schlaflosigkeit

Wie oft ärgert man sich, weil man nicht einschlafen kann. Wann immer Sie nicht einschlafen können, machen Sie sich bewusst: Ihr Körper holt sich immer den Schlaf, den er braucht. Die Schlaflosigkeit ist nun einmal da – es liegt an Ihnen, ob Sie sie annehmen oder sich darüber ärgern. Wenn Sie also nicht einschlafen können, sehen Sie die Schlaflosigkeit als Chance, wach zu bleiben, nutzen Sie sie als Geschenk der Nacht: für einen nächtlichen Spaziergang, um etwas zu tun, für das Sie bisher nie Zeit gehabt haben: tanzen oder eine Bhakti-Meditation.

Beispiel 61: Sie liegen im Bett und können nicht einschlafen. Am nächsten Tag haben Sie einen wichtigen Geschäftstermin. Wenn Sie grollen, bekommen Sie einen Wutanfall darüber, dass Sie nicht einschlafen können. Sie pumpen sich vielleicht mit Schlaftabletten voll und sind am nächsten Tag völlig verkatert. Warum nutzen Sie die Situation nicht, um eine Bhakti-Meditation zu machen? Wichtig ist, sie nicht mit dem Zwang zu verbinden, unbedingt einschlafen zu müssen. Gehen Sie eher spielerisch und absichtslos an die Meditation heran:

- Sie schauen sich Ihre Schlaflosigkeit als Zeuge an (A = Anschauen), ohne sie zu bewerten, und fragen sich: »Warum kann ich keinen Schlaf finden?« Vielleicht vernehmen Sie bei dem Gedanken ein lautes Herzpochen, ein Kribbeln in den Füßen – keine Sorge, ein gutes Zeichen: Sie leben!

- Dann entscheiden Sie sich, über Ihre Anstrengung und Ihre Unfähigkeit einzuschlafen zu lachen (L = Lachen).
- Sie erkennen (E = Erkenntnis), dass die Regel, man brauche in jeder Nacht acht Stunden Schlaf, ein Märchen ist. Sie erinnern sich an Zeiten (zum Beispiel im Urlaub oder als Sie frisch verliebt waren), in denen Sie wochenlang mit nur drei Stunden Schlaf pro Nacht ausgekommen sind und sich dabei pudelwohl gefühlt haben.
- Sie danken Ihrer Schlaflosigkeit für diese Erkenntnis und segnen (S = Segnen) sie dafür.

Wahrscheinlich werden Sie bald tief schlafen. Es kann allerdings auch sein, dass die Schlaflosigkeit anhält. Dafür gibt es zwei Möglichkeiten. Entweder ist Ihr Körper so ausgeruht, dass er momentan keinen Schlaf braucht, oder Sie haben die Bhakti-Meditation nur deshalb gemacht, um einzuschlafen, also mit Absicht gehandelt. Wie auch immer, Sie können die Nacht genießen, einen schönen Nachtspaziergang machen, die Vögel beim Erwachen beobachten, sich vielleicht über die ersten Sonnenstrahlen freuen, bis Sie denken: Na ja, die Nacht ist so schön, jetzt kann ich auch durchmachen. In dem Augenblick sind Sie schon eingeschlafen, denn dann haben Sie wirklich losgelassen.

Wie Sie Schmerz in Energie umwandeln

Im Krisenfall ist es nicht zwingend notwendig, sich in sturer Reihenfolge an die vier Phasen der Bhakti-Meditation zu halten. Viel wichtiger ist, dass Sie sich diese vier Phasen bewusst machen.

Das nachfolgende Beispiel ist ein typischer Fall dafür, dass sich die Absichtslosigkeit oft erst am Schluss der Bhakti-Meditation einstellt. Das ist völlig in Ordnung.

Beispiel 62: Sie liegen nachts im Bett. Wegen einer Zahnfleischentzündung haben Sie so starke Schmerzen, dass Sie glauben, wahnsinnig zu werden. Sie ärgern sich darüber, nehmen Schmerztabletten, die aber auch nicht helfen. Am nächsten Morgen gehen Sie schlecht gelaunt und griesgrämig in die Arbeit. Warum verfahren Sie nicht wie folgt:

Sie machen sich den Schmerz bewusst und nehmen ihn in allen Einzelheiten wahr. Verschwindet der Schmerz immer noch nicht, greifen Sie zu dem Buch »Die Sprache der Symptome, die Botschaft Deines Körpers«. Sie entnehmen dem Buch, dass eine Zahnfleischentzündung mit dem Urvertrauen in die Existenz zu tun hat. Sie überlegen: Wo habe ich dieses Urvertrauen verletzt? Ihnen fällt ein, dass Sie immer Angst haben, Ihr Computer könnte wieder kaputtgehen, und Sie erkennen, dass auch der Computer in die kosmische Ordnung eingebettet ist.

Normalerweise müsste nach dieser Erkenntnis der Schmerz weg sein. Doch nehmen wir den hartnäckigen Fall an, dass der Schmerz immer noch da ist. Jetzt machen Sie einige schon lange nicht mehr praktizierte Yoga-Übungen, meditieren und gehen lange im Wald spazieren.

Irgendwann fällt Ihnen auf, dass Sie in dieser Nacht so viele Dinge gemacht haben, die Sie eigentlich schon immer machen wollten, jedoch nie die Energie dafür aufgebracht haben. Der Schmerz hat Ihnen diese Energie gegeben: für Yoga-Übungen, Meditationen und Spaziergänge.

Wenn Sie klug sind, werden Sie diese Situation zum Anlass nehmen, in Zukunft regelmäßig Yoga, Meditationen und Spaziergänge zu machen. Dankbarkeit erfüllt Sie – und irgendwann, wenn Sie nicht mehr daran denken, ist der Schmerz mehr oder weniger verschwunden.

Was ist geschehen? Sie haben den Schmerz zwar wahrgenommen (A = Anschauen), aber nicht wertneutral. Sie haben ihn nur wahrgenommen, um ihn zu beseitigen. Sie haben vielleicht sogar das Richtige getan, aber nicht ohne Absicht. Sie konnten den Schmerz erst dann wirklich umarmen, das heißt mit Liebe umgeben (L = Liebe), als Sie erkannten (E = Erkennen), wie viel Positives der Schmerz Ihnen gebracht hat. In dem Augenblick konnten Sie ihn segnen (S = Segnen) und ihn – ohne es zu merken – loslassen.

Natürlich sollten Sie sicherheitshalber am nächsten Tag zur zahnärztlichen Untersuchung gehen. Seien Sie dem Schmerz dankbar: Der Schmerz hat Ihnen den »juice« für wesentliche Fortschritte in Ihrem Leben gegeben, die Sie ohne den Schmerz nicht geschafft hätten.

Im vorliegenden Fall erkennen Sie, dass Schmerzen an sich nichts Negatives sind. Das, was Schmerzen zur Qual werden lässt, ist Mangel an Bewusstsein, Hingabe, Einverstanden-Sein. Der Schmerz gibt Ihnen Energie, es liegt an Ihnen, wie Sie damit umgehen.

Ich lasse meine Vergangenheit los

Die Bhakti-Meditation ist auch hervorragend geeignet, die Vergangenheit loszulassen. Wenn jemand Probleme mit der Vergangenheit hat, dann nur, weil er sie noch nicht losgelassen hat. Der große Irrtum ist, dass man die Vergangenheit verstehen, bewältigen oder interpretieren müsse. Der stimmige Weg, mit einer schwierigen Vergangenheit umzugehen, ist, sie bewusst und liebevoll loszulassen. Durch die Bhakti-Meditation können Sie jedes Vergangenheitstrauma auflösen.

Beispiel 63: Sie haben sich als Kind als dumm empfunden und konnten nie gut singen. Nun sind Sie in einer Gesangsgruppe und möchten singen lernen. Sofort kommt in Ihnen die Erinnerung hoch: Damals, auf der Fahrt von der Schule nach Hause, hat Ihr Vater gesagt: »Aus dir wird nie was.« Sie denken: »Ja, damals war ich so ein Dummkopf, ich glaube, das ist ein Programm aus meiner Kindheit, das ich aufarbeiten muss.« Sie entfernen sich still und heimlich aus dem Gesangskurs und halten sich für einen hoffnungslosen Fall.

Mit der Bhakti-Meditation können Sie die gleiche Situation wie folgt angehen: Sie schauen sich bewusst an, was los ist (A = Anschauen). Eine Situation aus Ihrer Kindheit (nicht Ihrer ganzen Jugend!) steht vor Ihnen. Sie entscheiden sich dafür, darüber zu lachen (L = Lachen), dass Sie das heute noch beeindruckt, obwohl die Vergangenheit schon längst tot ist. Sie erkennen (E = Erkennen) aus dieser Situation, dass man nicht alles glauben muss, was andere einem erzählen. Sie sind dankbar, dass diese Erinnerung für Sie zum Auslöser wurde, sich bewusst ins »Hier und Jetzt« zu begeben. Sie segnen sich und Ihren Vater (S = Segnen) und lassen die Erinnerung los (loslassen) – und singen so schön wie noch nie in Ihrem Leben.

Ärger wegklopfen – kurz und bündig

Roger Callahan, Entwickler der Gedankenfeldtherapie (TFT), stellte fest, dass es möglich ist, Ärger bzw. Angst vor Ärger augenblicklich zu neutralisieren, wenn die Aufmerksamkeit auf eine durch Ärger/Angst vor Ärger ausgelöste Situation gerichtet wird und gleichzeitig gezielte Energiepunkte (Meridianpunkte) am Körper berührt werden.

Zu Beginn der 1990er Jahre nutzte Garry Craig die Entdeckungen von Callaham, um daraus einen Energiefeldtherapie (EFT) zu entwickeln. Heute wird EFT weltweit unterrichtet, unter anderem, um Menschen zu helfen, mit ihrem Ärger und ihrer Angst vor Ärger fertig zu werden.

Um Ihren Ärger bzw. Ihre Angst vor Ärger loszulassen, denken Sie zuerst an eine Situation, die den Ärger bzw. die Angst vor Ärger ausgelöst hat. Natürlich können Sie die Technik auch anwenden, wenn Sie sich bereits in einer solchen Situation befinden. Geben Sie der Belastung durch Ärger/Angst vor Ärger einen Wert von 1 bis 10. Craig verwendet dafür die nachfolgende, von Dr. J. Wolpe entwickelte subjektive Stress-Skala:

10 = Der Ärger bzw. die Angst vor Ärger ist überwältigend.

9 = Der Ärger bzw. die Angst vor Ärger ist kaum auszuhalten.

8 = Der Ärger bzw. die Angst vor Ärger beeinträchtigt mich deutlich.

7 = Der Ärger bzw. die Angst vor Ärger ist sehr hoch, meine Gefühle sind angespannt.

6 = Die Angst ist sehr unangenehm, ich fühle mich sehr unwohl mit ihr.

5 = Der Ärger bzw. die Angst vor Ärger ist unangenehm, aber ich kann es aushalten.

4 = Der Ärger bzw. die Angst vor Ärger ist spürbar, aber erträglich.

3 = Der Ärger bzw. die Angst vor Ärger ist lästig, aber unter Kontrolle.

2 = Der Ärger bzw. die Angst vor Ärger bereitet mir etwas Unbehagen.

1 = Ich habe ein recht ausgeglichenes Gefühl bei dem Thema.

0 = Ich fühle mich total entspannt, wenn ich daran denke.

Der erste Schritt, um die im Körper gespeicherten Ärger-Stressoren »wegzuklopfen«, liegt im Entwickeln einer Versöhnungsformel. Sie besteht aus zwei Teilen: Der eine Teil beschreibt den Ärger bzw. die Angst vor Ärger, dadurch wird dem Unbewussten wie dem Bewusstsein mitgeteilt, worum es geht. Der zweite Teil gibt dem Tages- und Unterbewusstsein die positive Information: »Akzeptiere mich, wie ich bin.« Die Versöhnungsformel ist immer gleich. Im Falle von Ärger/Angst vor Ärger beginnt sie wie folgt:

- Obwohl ich Ärger über.... spüre, akzeptiere ich mich voll und ganz!
- Obwohl ich Angst vor Ärger habe, wenn ich an... denke, akzeptiere ich mich voll und ganz.

Achten Sie darauf, dass die Formel das Problem so exakt adressiert wie eine Akupunkturnadel. Oft spüren Sie an einer seelischen Regung, wenn die Formel stimmt und den Kern des inneren (geladenen) Musters trifft.

Sprechen Sie diesen Satz dreimal laut aus, während Sie mit der Hand den »sore spot« (Herzpunkt) umkreisen, der sich in der rechten, oberen Ecke des Herzens befindet und sich etwas schmerzempfindlicher als sein Umfeld anfühlt. Dieser Punkt wird in der chinesischen Akupunktur »Teich des Himmels« genannt und dient als »Eingangspforte« für Botschaften an Ihr Unbewusstes.

Noch einmal zur genauen Lokalisierung des sore spot: schräg unterhalb des Jubulums, des kleinen Punktes am Halsanfang (wo bei Männern der Krawattenknoten sitzt), 10 cm nach unten und von dort 10 cm nach links, also Richtung Herz. Er fühlt sich empfindlich an, etwas wund, wie nach einem Muskelkater.

Durch das Umkreisen der rechten oberen Ecke des Herzens wird dieser Punkt berührt.

Damit die Versöhnungsformel greift, sind zwei Dinge erforderlich:

- Das Reiben des sore spot, bei dem Sie wirklich spüren, dass Sie den wunden/empfindlichen Punkt, die Eingangspforte zu Ihrem Inneren berühren.

- Das Aussprechen, Flüstern oder Denken der Versöhnungsformel. Dabei ist wichtig, dass Sie meinen, was Sie sagen, und ganz mit der Versöhnungsformel verschmelzen.

Im zweiten Schritt klopfen Sie die nachfolgend beschriebenen Punkte in Ihrem Körper, während Sie an das Ärgernis bzw. die Situation, in der Sie Angst vor Ärger haben, denken. Konzentrieren Sie Ihre ganze Aufmerksamkeit auf den Ärger bzw. die Angst vor Ärger, und fühlen Sie ihn bzw. sie. Verziehen Sie dabei das Gesicht zu einer Grimasse, und übertreiben Sie, um wirklich mit der gespeicherten geladenen Energie in Kontakt zu kommen. Es nützt nichts, wenn Sie nur so tun, als ob. Gehen Sie ganz in das Thema hinein, während Sie die Punkte klopfen.

Wenn während des Klopfens alte Bilder, Emotionen hochkommen, ist dies gut, aber nicht zwingend erforderlich. Klopfen Sie fest, aber nicht so fest, dass es wehtut. Sie werden erleben, dass bestimmte Punkte länger geklopft werden möchten und heftige Emotionen hervorrufen, während sich bei anderen Punkten scheinbar nichts tut. Das liegt daran, dass die Punkte mit verschiedenen Körpersystemen (Meridianen) zusammenhängen und eine Berührung nicht immer alle Regionen gleichermaßen belastet. Etwas in Ihnen weiß, wie oft Sie klopfen müssen – wenn Sie Ihren Fingern vertrauen, hören diese von selbst wieder auf. In der Regel reicht es, 7- bis 8-mal zu klopfen.

Anmerkung: In der Öffentlichkeit können Sie sich wie folgt behelfen: Sie gehen auf die Toilette, um dort ungestört EFT anzuwenden. Oder Sie berühren die Punkte lediglich und pressen sie leicht. Oder Sie stellen sich vor, dass Sie die Punkte nacheinander klopfen.

Nach dem Klopfen denken Sie wieder an die Situation, die Ärger/Angst vor Ärger auslöst, und geben ihr einen subjektiven Stresswert von 1 bis 10. Wenn Sie selbst gerade in der Situation stecken, fühlen Sie einfach, wie viel Ärger/Angst vor Ärger Sie gerade empfinden.

Beginnen Sie dann wieder mit dem Umkreisen des sore spot und der Versöhnungsformel, die Sie wie folgt abwandeln:

• »Obwohl noch ein *Rest* von diesem Ärger/dieser Angst vor Ärger da ist, akzeptiere ich mich voll und ganz!«

Machen Sie so viele Durchläufe, bis das Problem bei einem Wert von 0 angelangt ist. Wichtig ist, immer wieder neu zu spüren, was Sie im Jetzt fühlen. Es kann nämlich sein, dass sich das Problem und damit die Formel während der Übung verändert. Es kann sein, dass Sie nach einem Durchlauf auf einmal nicht Ärger verspüren, sondern Traurigkeit, Scham, Enttäuschung oder Ähnliches. Wieder geht es darum, das Thema so exakt wie möglich zu beschreiben, das heißt, so exakt wie möglich »hinzufühlen«. Sie formulieren dann beispielsweise:

- »Obwohl ich traurig bin über..., akzeptiere ich mich voll und ganz!«

Klopfen Sie dieses Thema durch und fühlen erneut, was hochkommt, bis Sie sich frei fühlen. Falls Sie einmal festhängen und nicht fühlen oder blockiert sind, klassifizieren Sie das Nichtfühlen bzw. die Blockade nach der subjektiven Stress-Skala mit einem Wert von 1 bis 10 und formulieren:

- Obwohl ich nicht fühlen kann, was los ist, akzeptiere ich mich voll und ganz!
- Obwohl ich mich blockiert fühle, akzeptiere ich mich voll und ganz!

Nachfolgend die Übung im Detail

Erinnern Sie sich an das, was in Ihnen Ärger/Angst vor Ärger wachruft bzw. fühlen Sie Ihren momentanen Ärger/Ihre momentane Angst vor Ärger bewusst und geben Sie diesem Gefühl nach Ihrer Einschätzung einen Wert auf einer Skala von 0 bis 10 (0 = sehr gering, 10 = höchste Stufe).

Umkreisen Sie mit den Fingerspitzen sanft den Punkt, der als »Herzpunkt« (sore spot) links neben dem Ende des Brustbeins liegt, und sprechen Sie wiederholt die individuelle *Aussöhnungsformel*: *»Obwohl ich...* (hier nennen Sie Ihr Problem oder das belastende Gefühl, z. B. »Ärger spüre über...«, bzw. »Angst vor Ärger habe bezüglich...«)..., *akzeptiere ich mich voll und ganz!«*

Diese Versöhnungsformel ist wichtig, weil die Versöhnung mit dem, »was ist«, unabdingbare Voraussetzung ist, dass das Körper-Energiesystem für das Klopfen der auflösenden Punkte empfänglich ist. Deshalb muss das Thema genau benannt werden, damit Sie nicht an der Sache »vorbeiklopfen«.

Während Sie in das spezielle Ärger-/Angst-vor-Ärger-Thema emotional hineingehen, klopfen Sie mit Ihren Fingerspitzen der Reihe nach die folgenden sieben *Stresslöser-Punkte* ab:

1. Anfang der Augenbraue: Augenbrauen-Punkt – Blasen-Meridian

2. Knochen am äußeren Augenwinkel: Schläfen- bzw. seitlicher Augen-Punkt – Gallenblasen-Meridian

3. Knochen unter dem Auge: Jochbein-Punkt – Magen-Meridian

4. Mulde zwischen Nase und Oberlippe: Unter-Nase-Punkt – Gouverneursgefäß-Meridian

5. Einbuchtung zwischen Unterlippe und Kinn: Unterlippen-Punkt – Zentralgefäß-Meridian

6. Etwa 1 cm unter dem Schlüsselbein: Schlüsselbein-Punkt – Nieren-Meridian

7. Auf Höhe der Brustwarze unterm Arm: Unter-Achselhöhlen-Punkt – Milz-Pankreas-Meridian

Ggf. zusätzlich: der »Karatepunkt« an der Handkante unterhalb des Kleinfingergelenks (sog. Dünndarm-Punkt)

Bestimmen Sie erneut die Intensität der Belastung von 0 bis 10. Liegt der geschätzte Wert über 1, wiederholen Sie die »Klopfrunde«.

Wenn Sie die Klopfmethode anspricht und Sie vollen Nutzen daraus ziehen wollen, empfehlen sich der Besuch eines EFT-Seminars und entsprechende Fachliteratur. [25)]

Gleichnis 17: Auch das geht vorüber

Ein König war bei seinem Volk sehr beliebt. So kam eines Tages der ganze Hofstaat zusammen, um sich zu beraten. Sie wollten dem König einen Ring schenken, in den eine Weisheit für schlechte Zeiten eingraviert werden sollte. Sie berieten lange, wie der Spruch lauten könnte, jedoch ohne Ergebnis. Endlich meldete sich der alte Kammerdiener zu Wort. Sein Vorschlag wurde angenommen, und sie gravierten einen Satz in einen kostbaren Ring. Sie überreichten dem König diesen Ring mit dem Wunsch, dass er ihn tragen, aber die Inschrift erst lesen solle, wenn er in Not sei.

Schon bald wurde das Land in einen Krieg verwickelt, und der König verlor sein ganzes Reich. Er war mit seinem Pferd auf der Flucht, als sich plötzlich vor ihm ein Abgrund auftat, und er wusste, dass er verloren war. Da erinnerte er sich an den Ring, nahm ihn ab und las die Inschrift: »Auch das geht vorüber.« Tatsächlich hatten sich die Feinde verlaufen, und der König konnte entkommen. Und nicht nur das, mit der Hilfe eines verbündeten Königs gewann er sein Reich zurück und zog im Triumphzug durch die Stadt. Da lief sein alter Kammerdiener zu ihm und sagte: »Schau auf den Ring.« Der König verstand nicht, schließlich feierte er gerade seinen größten Triumph! Aber sei-

nem Kammerdiener zuliebe las er: »Auch das geht vorüber.« In dem Augenblick schmolzen sein Stolz, sein Siegesgebaren und falsches Ego dahin, und er lebte von da an bewusst und glücklich im Hier und Jetzt.

Wann immer Sie in einer Krisensituation stecken, denken Sie daran: Auch das geht vorüber. [26)]

Übung 7

1. Motivieren Sie sich mit zehn Erfolgserlebnissen durch Bewusstheit und Meditation.
2. Machen Sie die Bhakti-Meditation immer wieder – auch dann, wenn Sie keine negativen Stimmungen spüren. Sie können die Bhakti-Meditation für eine Stimmung, Neigung, ein Laster, einen Schmerz, ein Erlebnis oder einfach nur aus reiner Freude durchführen. Wenn Sie möchten, stellen Sie sich auf einer Musikkassette geeignete Musik zusammen.
3. Fühlen Sie in Ihren Körper hinein und »durchlächeln« alle Organe und Körperstellen.
4. Wählen Sie Ihre Außenreize bewusst nach dem aus, was Sie stärkt und was Ihnen nicht so guttut. Sollten Sie einmal mit einem unangenehmen Außenreiz konfrontiert werden, wandeln Sie das Unangenehme bzw. Schädliche um.
5. Suchen Sie täglich einen Menschen, dem Sie eine Freude machen können.

Nachwort

Ich suche Gleichgesinnte

Jetzt gibt es für Sie keine negativen oder ärgerlichen Erlebnisse mehr. Sie haben erkannt, dass jedes Problem in Wahrheit ein Geschenk ist, das Sie sich selbst machen. Das Geschenk liegt in der Entwicklung. Alles, was Sie jetzt erleben, ist entweder angenehm oder hilfreich. Sie haben in diesem Buch das Rüstzeug bekommen, um jede Situation zu meistern.

Wenn etwas angenehm ist, dann können Sie sich daran erfreuen. Wenn etwas hilfreich ist (das heißt unter Umständen auch angenehm), bietet Ihnen das Leben die Chance zu einer Erkenntnis, die Sie weiterbringt, und dafür können Sie ebenfalls dankbar sein. Eugen Roth sagt: »Der Mensch blickt in die Zeit zurück und sieht, sein Unglück war sein Glück.« Was immer Sie jetzt aufgrund des Gelesenen beschließen, bleiben Sie am Ball, denn nicht das Anfangen wird belohnt, sondern nur das Durchhalten.

Der einfachste Weg, um durchzuhalten: Suchen Sie Gleichgesinnte, indem Sie sich für einen Kurs in Yoga, autogenem Training, Meditation, Tanzen, Stretching oder Ähnlichem anmelden. Sie finden solche Angebote in den »Gelben Seiten« der Telefonbücher, in den Anzeigenblättern, den Tageszeitungen, bei den Volkshochschulen oder im Internet. Besonders hilfreich kann es sein, einen Kurs oder Fernlehrgang bei der IAW zu besuchen (s. Anhang).

Wenn Sie mögen, gründen Sie mit einigen Gleichgesinnten eine »Teerunde«, einen »Freundeskreis« oder einen »Meditationsabend« mit jeweils klar vorgegebener Zielsetzung. Suchen Sie sich zumindest einen Meditations- oder Übungspartner. Halten Sie durch! Ein chinesisches Sprichwort lautet: »Der Mensch könnte alles erreichen, hätte er die Beharrlichkeit.«

Ich sammle schriftliche Erfolgserlebnisse

Die Notizen helfen Ihnen dabei, in Lösungen zu denken. Benutzen Sie sie regelmäßig, denn: Nur schriftliches Denken ist folgerichtiges Denken. Kaufen Sie sich ein Tagebuch. Verwenden Sie die vorgegebenen Strukturen der Notizen, insbesondere für die Bhakti-Meditation. Sie können Ihr Tagebuch auch Symptom-orientiert benutzen, das heißt, nur dann etwas eintragen, wenn etwas Wesentliches geschehen ist. Aber vergessen Sie Ihre Arbeit mit Ihrem Tagebuch nicht, denn: Haben Sie erst einmal schriftliche Erfolgserlebnisse gesammelt, ist schon das Gröbste geschafft. Sie haben viele wertvolle Tipps bekommen – mehr als Menschen früher in ihrem ganzen Leben.

Wann immer Sie mit Stimmungen oder unliebsamen Situationen konfrontiert werden, befragen Sie nicht Ihre Nachbarn oder Bücher, sondern sich selbst! Manchmal werden Sie ein wenig warten müssen, bis Ihre Intuition antwortet, aber Geduld zahlt sich aus. In Japan gibt es Spitzenmanager, die sich ihre

Entscheidungen »ersitzen«, das heißt, sie meditieren während der Arbeitszeit, und nach einigen Stunden kommen sie aus dem Chefzimmer und wissen, was zu tun ist. Die Techniken in diesem Buch sind erprobt und bewährt – es gibt nur einen Grund, warum sie nicht funktionieren könnten: Wenn Sie sie nicht anwenden!

»Kein Fehlschlag ist vergeblich.
Tausend Mal wirst du stolpern.
Hundert Mal wirst du stürzen.
Um eines Tages aufzuwachen
Und zu erkennen, dass du ›göttlich‹ bist.«
Sattya Sai Baba

Ich bleibe am Ball – gleich, was passiert

Wenn Sie einmal »abstürzen«, machen Sie sich nichts daraus: Stehen Sie einfach wieder auf und schauen nach vorn. Lernen Sie vom Gummiball: Je tiefer er untergetaucht wird, umso höher springt er wieder aus dem Wasser. Nach jedem »Tod« folgt eine »Wiederauferstehung«.

»Hingabe ist der Schlüssel,
der letzte Schlüssel
von der Hölle zum Himmel,
vom Ego zur »Göttlichkeit.«

Gedankendisziplin macht frei

Es gibt einen kleinen Schlüssel, der Ihnen hilft, besser durchzuhalten – einen kleinen Schlüssel, der selbst Tresortüren öffnet. Dieser Schlüssel heißt: Gedankendisziplin! Ein kluger Mann
sagte einmal: »Wenn die Leute wüssten, was fehlende Gedankendisziplin sie kostet, würden sie diese pflegen.«

Gedanken sind zwar unsichtbar – aber nicht unwirksam. In
den Schriftrollen der Essener Bruderschaft des Lichts steht: »Der
Blitz, der die mächtige Eiche fällt, ist ein Kinderspiel gegen die
Macht eines Gedankens.« Die höchste Form der Gedankendisziplin ist, jeden Gedanken der Einen Kraft zu widmen. Emmet
Fox empfiehlt im »Goldenen Schlüssel«: »Höre auf, an Schwierigkeiten zu denken, einerlei was es ist, denke stattdessen an die
universelle Energie/die Eine Kraft/Gott.«

Jedes Problem ist irgendwie auch ein Identifikationsproblem:
Mit wem identifiziere ich mich – mit dem Problem oder mit
der Einen Kraft? Üben Sie sich also in Gedankendisziplin für die
Eine Kraft, geben Sie sich der Einen Kraft hin, die schon seit
Ewigkeiten darauf wartet, durch Sie zu wirken. Dann setzt in
Ihrem Leben Führung ein. Widmen Sie Ihr Leben der Einen Kraft,
und aller Ärger ist beendet.

Sieben Schlüssel für ein Leben ohne Ärger

1. Sich ärgern bietet keinen Vorteil

Mensch, ärgere Dich nicht! Ärger schadet der Gesundheit, stört den Schlaf, belastet die Verdauung, macht unbeliebt bei den Mitmenschen, zerrüttet die Nerven und kostet wertvolle Lebensenergie. Ärger macht den Ärger nur noch ärger. Verlernen Sie deshalb das Ärgern so schnell wie möglich. Wenn Sie sich aber geärgert haben, verschwenden Sie keinen Gedanken mehr daran, was gewesen ist. Wandeln Sie Ihren Ärger um in körperliche Bewegung (beispielsweise Schütteln zu afrikanischer Trommelmusik). Schütteln Sie Ihren Ärger ab, tanzen Sie Ihre Sorgen weg, vergessen Sie, was war, freuen Sie sich auf morgen.

2. Niemand kann mich ärgern – außer ich selbst

Werden Sie ein Meister Ihrer Emotionen. Niemand auf der Welt hat die Macht, Sie zu ärgern, außer Sie selbst. Schon die Sprache sagt: »Ich ärgere mich.« Niemand ärgert Sie also. Sich ärgern ist eine unvorteilhafte Angewohnheit. Sie können alles zum Anlass nehmen, sich zu ärgern, Sie können es aber genauso gut auch sein lassen – es ist Ihre Entscheidung. Verzeihen Sie allen, die Sie geärgert haben, verzeihen Sie auch sich selbst – es gibt keine Schuld. Suchen Sie immer die Lösung, nie den Schuldigen, dann denken Sie wirklich positiv. Schauen Sie nie zurück, schauen Sie nie nach rechts und nie nach links, schauen Sie nur noch nach vorne. Fragen Sie sich: »Was erwartet das Leben von mir jetzt?« – und Sie sind auf dem richtigen Weg.

3. Die Erwartungen loslassen

Schuld am Ärger sind oftmals die Erwartungen. Die Chance, dass die Welt Ihre Erwartungen erfüllt, steht nur 1 : 99. Lassen Sie die Erwartungen los – und Sie werden nicht mehr enttäuscht. Im Gegenteil: Das Leben kann Sie jetzt angenehm überraschen. Akzeptieren Sie alles, was ist – für jetzt. Handeln Sie absichtslos. Begehren Sie nichts, aber weisen Sie auch nichts zurück. Opfern Sie alles für Ihren inneren Frieden. Fragen Sie sich: »Was ist das Geschenk des Lebens an mich jetzt?«, und Sie haben ständig Grund, glücklich zu sein.

4. Unabhängig sein von den Reaktionen anderer

Gewinnen Sie eine sportliche Einstellung zu Ärgernissen. Sehen Sie in jedem, der Sie ärgert, einen Privattrainer, der testet, inwieweit Sie schon in der Harmonie sind. Hören Sie auf, das Verhalten anderer auf sich zu projizieren, werden Sie vor allem frei von Lob und Kritik. Lob und Kritik sind nur die Meinung eines anderen – und die kann falsch oder richtig sein. Machen Sie also nie Ihr Glücksgefühl davon abhängig, ob andere Sie gut finden.

Werden Sie kritisiert, vermeiden Sie Rechtfertigungen, Gegenattacken, endlose Entschuldigungen, Rechthabereien und fruchtlose Diskussionen. Trennen Sie die Botschaft vom Botschafter, untersuchen Sie besser, ob die Kritik sachlich berechtigt ist. Wenn ja, hat der andere Ihnen einen Tipp gegeben, sich weiterzuentwickeln. Wenn nein, hat der andere sich einfach nur geirrt. Prüfen Sie immer wieder: Ist das, was Sie verstehen, auch das, was Sie hören? Ist das, was Sie sagen, auch das, was

Sie meinen? So vermeiden Sie unnötige Missverständnisse. Fallen Sie nicht auf »Pöbel« herein: Werden Sie unsachlich kritisiert, ist es ja der andere, der sich ärgert – er hat sich gemeint, nicht Sie. Wenn Sie Angst vor Ärger haben, machen Sie sich diese bewusst und konfrontieren Sie diese.

Wenn Sie selbst Kritik üben, diskutieren Sie nicht über Meinungen, Normen und darüber, was »man tut«, das führt kaum zu Harmonie. Teilen Sie besser mit, was Sie empfinden und was mit Ihnen los ist. Lassen Sie den anderen mit der »Ich-Botschaft« wissen, was er in Ihnen auslöst. Er muss sich ja dafür nicht rechtfertigen. Stoppen Sie Eingriffe in Ihre Freiheit mutig und ärgerfrei. Kritisieren Sie immer nur die Tat, nicht den ganzen Menschen. Richten Sie nicht, sondern richten Sie auf. »To be a lifter is the easiest way to be lifted.« Sagen Sie, was Sie wollen, aber erwarten Sie nicht zwingend, dass Sie es in jedem Fall auch bekommen. Seien Sie einfach dem anderen eine Chance. Dann ist Ihre Mitteilung ein Geschenk. Erwarten Sie aber nicht, dass der andere es annimmt. Fragen Sie den anderen: »Was tun wir jetzt?« – und leben Sie in liebevoller Koexistenz.

5. Das Leben lieben

Lieben Sie sich selbst. Hören Sie auf, sich negativ zu bewerten, und fangen Sie an, sich zu lieben. Seien Sie Sie selbst. Natürlich sein ist der größte Energiesparer. Wandeln Sie Ärger und Angst vor Ärger durch Ärger-Tonglen bzw. Angst-vor-Ärger-Tonglen in positive Energie um. Geben Sie falsche Zurückhaltung auf. Sie sind nicht auf der Welt, um die Erwartungen anderer zu erfüllen. Fragen Sie sich: »Wenn ich könnte, wie ich wollte, was würde ich dann am liebsten tun?« Befreien Sie sich aus der Zwangsjacke des kleinen »Ich«.

Nehmen Sie auch Ihrerseits die Menschen so, wie sie sind – es gibt keine anderen. Verzeihen Sie dem anderen, dass er so ist, wie er ist – noch besser: Urteilen Sie gar nicht erst über ihn. Sie wollen nicht, dass man Sie ändert, genauso wenig wollen die anderen von Ihnen geändert werden. Jeder hat das Recht, so zu sein, wie er ist, und Sie haben nicht das Recht, ihn zu ändern. Seien Sie kein Weltverbesserer, sondern ein Menschenfreund.

6. Ich bin bewusst im Hier und Jetzt

Lernen Sie, Ihre Mitmenschen mit ganz neuen Augen zu sehen: Wer es sich leisten kann, großartige Menschen um sich zu haben, lebt in einer großartigen Welt. Sprechen Sie Ihre Mitmenschen auf der Ebene an, auf der Sie von Ihnen angesprochen werden möchten. Reagieren Sie auf Ärgernisse mit Bewusstheit – und leben Sie frei von negativer Resonanz. Nutzen Sie Ärger als Handlungsimpulse, etwas konstruktiv zu ändern, statt sich nur darüber aufzuregen. Setzen Sie also Ihre Energie immer für, nie gegen etwas ein.

7. Ich lebe im Einklang mit mir selbst

Tun Sie, was Sie stärkt, und lassen Sie, was Sie schwächt. Wählen Sie also die Radio- und Fernsehsendungen, Nahrung, Kleidung, Aufenthaltsorte und Freunde aus, die Sie stärken.

Wenn Sie einmal gar nicht weiterwissen, denken Sie: Auch

das geht vorüber. Stimmungen wechseln wie Wolken am Himmel, auch wenn Sie sie nicht festhalten.

Suchen Sie Gleichgesinnte, und sammeln Sie schriftliche Erfolgserlebnisse (Tagebuch!). Üben Sie sich beharrlich in Gedankendisziplin – der Meisterschaft über Ihre Gedanken. So wird ein ärgerfreies und glückliches Leben Teil Ihrer Persönlichkeit.

Lernen Sie die Kunst der Meditation. Verlassen Sie die stürmische Brandung der oberflächlichen Gefühle, und tauchen Sie ein in die Tiefe der Meditation. Sie können nicht tiefer fallen als in die Hand der Einen Kraft. Klopfen Sie sich mittels EFT frei von Ärger und der Angst vor Ärger. Lösen Sie Verstimmungen in vier Schritten auf:

1. Bewusst anschauen, was los ist
2. Die Stimmung in Liebe einhüllen oder darüber lachen
3. Die Stimmung nach ihrer Botschaft fragen
4. Segnen und loslassen

Ich bin, wie ich bin

Ich bin, wie ich bin.
Ich bin meine spezielle Schöpfung.
Also komm, schau in mich rein,
gib mir den Tadel oder die Ovation.
Es ist meine Welt,
auf die ich ein bisschen stolz sein möchte,
meine Welt,
und es gibt nichts, was ich zu verstecken hätte.
Das Leben ist sinnlos und leer,
solange du nicht sagen kannst:
Ich bin, wie ich bin.

Ich bin, wie ich bin.
Ich will kein Lob, ich will kein Mitleid.
Ich lebe, wie ich will.
Einige denken, es ist unerhört, ich denke, es ist klasse.
Und warum nicht?
Ich liebe jede Feder an mir und auch jeden Glimmer.
Warum nicht versuchen, die Dinge einmal anders zu
sehen?
Dein Leben ist nur Schein,
solange du nicht schreien kannst:
Ich bin, wie ich bin.

Ich bin, wie ich bin,
und wie ich bin, das braucht keine Entschuldigung.
Ich bin mein eigenes Spiel,
mal bin ich alles und mal bin ich nichts.
Dies ist mein Leben,
und es gibt kein Zurück und auch kein Horten.
Dies ist mein Leben,
und es ist Zeit, die Verstecke zu öffnen.
Das Leben ist sinnlos und leer,
solange du nicht sagen kannst:
Ich bin, wie ich bin.

Ich bin, ich bin gut.
Ich bin, ich bin stark.
Ich bin, ich bin wertvoll.
Ich bin es, dem ich gehöre.
Ich bin, ich bin wichtig.
Ich bin, ich bin wahr.
Ich bin, ich bin wer.
Ich bin, ich bin eine gute Neuigkeit.
Ja. Ich bin, wie ich bin.

(Frei übersetzt nach dem von Gloria Gaynor gesungenen Text
»I am what I am«)

Anhang

Quellenverzeichnis / Buchempfehlungen

1 Osho: Kundalini-Meditation, CD, erhältlich über den Buchhandel

2 Veeresh: AUM-Meditation, Musik-CD, die zum Ausleben der Gefühle (Wut, Ärger, Trauer) in einem dynamischen Prozess anregt; erhältlich bei der Humaniversity in Egmond, Holland, www.humaniversity.nl; dort erhalten Sie auch Informationen über ausgebildete AUM-Meditationsleiter und Meditationsgruppen

3 Osho: Transformationskarten (Set: 60 Karten mit Darstellungen von Gleichnissen), Sondereinband März 2006, Urania Verlag

4 Marshall Rosenberg: Gewaltfreie Kommunikation

5 Gedicht von Bodo Gahn

6 Chuck Spezzano: Begleitbuch zu den Karten des Lebens, Verlag Via Nova, Petersberg

7 ebd.

8 ebd.

9 David McKee: Du hast angefangen – nein du, Sauerländer Verlag

10 Paul Watzlawick: Anleitung zum Unglücklichsein, Piper Verlag

11 Peme Chödrön: Tonglen

12 Michael Ende und Annegret Fuchshuber: Das Traumfresser-
    chen, Thienemann Verlag

13 Ingrid Ramm-Bonwitt: Mudras, Geheimsprache der Yogis

14 Jacques Salomé, Quelltext aus www.reliance-deutschland.
    com

15 Infos unter: www.naikan.de

16 Osho: Transformationskarten (siehe 3)

17 Günter Griebl: Mit Liebe im Herzen. Die Wunderkarten. Ein
    Kurs für Wunder (Einzelkarten-Set), Dez. 2004

18 Dr. Robert Bitzer: Die weiße Fahne, 1952

19 unbekannter Autor

20 unbekannter Autor

21 unbekannter Autor

22 zum Beispiel Mike Rowland: The Fairy Ring, Relax Sounds II –
    Eternal peace. Oder Sidh Tepperwein: Natural Ambience I
    (erhältlich im Buchhandel oder über Internet)

23 zum Beispiel Angel Love von Aeoliah

24 zum Beispiel Ave Maria; der Kanon von Pachelbel; Freude
    schöner Götterfunken von Beethoven

25 Elisabeth Eberhard: Die Macht in Deinen Händen (EFT-Stan-
    dardwerk); Ulrich Schachtner, EFT-Seminarleiter, www.eft-
    europa.de

26 Osho: Transformationskarten (siehe 3)

LESERSERVICE

Kurt Tepperwein persönlich oder in einem Heimseminar erleben!

Wünschen Sie tiefer in das Thema dieses Buches einzusteigen, dann empfehlen wir Ihnen, die folgende Chance zu nutzen:

Gewünschtes bitte ankreuzen!

Seminare/Ausbildung:

☐ Motivationsseminare mit verschiedenen Themen (Tagesseminare)
☐ Ausbildung zum Dipl. Lebensberater/in

Ausbildungen mit Felix Aeschbacher (Lehrbeauftragter v. K. Tepperwein):

☐ Dipl. Mental-Trainer/in
☐ Dipl. Bewusstseins-Trainer/in
☐ Dipl. Intuitions-Trainer/in
☐ Dipl. Seminarleiter/in
☐ Meditations-Trainer/in (Zertifikat)

Heimstudienlehrgänge:

☐ Einführungslehrgang »Die 7 Schritte zur Erfolgspersönlichkeit«
☐ Dipl. Lebensberater/in
☐ Dipl. Mental-Trainer/in
☐ Dipl. Intuitions-Trainer/in
☐ Dipl. Seminar-Leiter/in
☐ Dipl. Erfolgs-Coach/in
☐ Dipl. Gesundheits- + Ernährungs-Berater/in
☐ Dipl. Partnerschafts-Mentor/in

Gesamtprogramme:

☐ Gesamtseminar- und Ausbildungsprogramm IAW
☐ Neuheiten der Bücher-, CD- und DVD-Programme von Kurt Tepperwein
☐ Gesundheitsprodukte-Programm

Dazu ein persönliches Geschenk:

☐ Die 20-seitige Broschüre »Praktisches Wissen kurz gefasst« von Kurt Tepperwein

Sie erhalten Ihre gewünschten Informationen selbstverständlich kostenlos und unverbindlich

Internationale Akademie der Wissenschaften (IAW)
St. Markusgasse 11, FL-9490 Vaduz
Tel. 0 04 23 2 33 12 12   Fax 0 04 23 2 33 12 14
Deutschland Tel. + Fax 09 11 69 92 47 (Beratungssekretariat)
E-Mail: go@iadw.com   Internet: www.iadw.com

Register

Der sichere Weg in den Wohlstand

George S. Clason
Der reichste Mann von Babylon
Erfolgsgeheimnisse der Antike

Der erste Schritt in die finanzielle Freiheit

Mosaik bei
GOLDMANN

16383

David Bach
Automatisch Millionär
Die bombensichere Anleitung, steinreich zu werden

So füllen Sie Ihren Geldspeicher!

Mosaik bei
GOLDMANN

16745

KURT TEPPERWEIN
Das Geldgeheimnis
Über den meisterhaften Umgang mit Geld

Mosaik bei GOLDMANN

16380

Mosaik bei
GOLDMANN

Die Seele baumeln lassen

368 Seiten
ISBN 978-3-442-16789-0
€ 8,95

Unsere Sehnsucht nach Ruhe, Orientierung und mehr Zeit wächst
von Tag zu Tag. Marco von Münchhausen stellt individuelle
»Rastplätze« für die Seele vor: 15 Möglichkeiten, um neue Kraft zu
schöpfen und wieder zu uns selbst zu finden. So inspirierend
geschrieben, dass das Auftanken schon mit dem Lesen der
ersten Seite beginnt.